들려오는 닭 울음소리

잠자는 영혼을 깨우고 이 시대를 깨우는

황원숙 지음

쿰란출판사

들려오는 닭 울음소리

잠자는 영혼을 깨우고 이 시대를 깨우는

들려오는 닭 울음소리
———
머리말
preface

출판사에서 머리말을 보내달라는 부탁을 받고 며칠 후였습니다. 토요일 새벽에 기도를 끝내고 머리말을 어떻게 쓸까 생각을 하고 있을 때 갑자기 시편 126편 말씀이 생각났습니다.

"여호와께서 시온의 포로를 돌려보내실 때에 우리는 꿈꾸는 것 같았도다 그때에 우리 입에는 웃음이 가득하고 우리 혀에는 찬양이 찼었도다 그때에 뭇 나라 가운데에서 말하기를 여호와께서 그들을 위하여 큰 일을 행하셨다 하였도다"(시 126:1-2).

하나님을 경험하고 체험한 것이 너무나 귀하고 소중하기에 많은 사람들과 공유하고 싶은 마음에 책을 쓰고 싶었지만 어디까지나 막연한 생각이었습니다. 그런데 이렇게 한 권의 책으로 나온다고 하니 정말 꿈꾸는 것 같습니다. 주님께서 하신 일이라 생각하니 기뻐하며 주님을 찬양합니다. 많은 사람들이 출판사에서 이 책을 나오게 한 것이 주님께서 하신 일이라고 말했으면 좋겠습니다.

주님께서 음성을 들려주시고 체험하게 하실 때, 그때마다 반응하는 저의 모습을 사실대로 썼습니다. 간혹 쑥스러움도 있지만 사실대로 써야 한다는 강박감에 미화하지 않았습니다. 글을 쓰면서 매 순간 주님께서 함께하심을 피부로 느끼면서 더욱더 그런 강박감이 있었습니다.

이 글을 읽는 모든 분들에게 주님께서 찾아가주시고 만나주시기를 기도합니다. 많은 사람들이 이 글을 읽고 함께 공감하고 또 함께 걸어갔으면 좋겠습니다.

이 책이 나오기까지 기도해주신 성도님들께 감사를 드립니다. 끝으로 쿰란출판사 이형규 대표님과 수고하신 여러분들에게도 감사합니다.

2020년 4월

황 원 숙

들려오는 닭 울음소리

차례
content

머리말 _4

1. 여호와는 나의 목자 / 9
2. 처음 들었던 하나님의 음성 / 26
3. 금식 중에 만난 주님 / 33
4. 구 성선에서 마지막 기도하던 날 밤 / 40
5. 신암과 동현이 하나가 되다 / 56
6. 기도하시는 예수님의 손 / 60
7. 신금호교회를 명문 교회로 / 71
8. 십자가의 사랑 / 87
9. 잃어버린 도끼 / 98
10. 100일 작정 기도 / 106
11. 들려오는 닭 울음소리 / 112

12. 신발값 20만 원 / 129
13. 잊어버린 기도 / 137
14. 송구영신 예배 중에 응답하신 하나님 / 142
15. 무화과나무 / 150
16. 작은 돌 / 155
17. 이방인처럼 / 160
18. 하나님이 주신 열매 / 172
19. 하나님의 집 / 180
20. 고독한 예수님 / 189
21. 내 마음의 아픔과 슬픔 / 198
22. 400원짜리 햄버거와 600원짜리 햄버거, 그리고 과자 한 보따리 / 206
23. 밑 터진 항아리 같은 그리스도인 / 213

1
여호와는 나의 목자

    주님은 나를 돌보시고 인도하시는 나의 목자이심을 나는 믿는다. 나의 필요함을 아시고 부족함을 채워주셔서 내게 부족함이 없게 하시는 주님이시다. 누가 뭐라고 해도, 정말 누가 뭐라고 해도 나는 믿고 확신한다.

    "내 심령에 이르기를 여호와는 나의 기업이시니 그러므로 내가 그를 바라리라"(애 3:24).

    몸도 마음도 여러 가지로 힘들어 할 때 하나님이 나에게 주신 말씀이다.

"나의 앞날이 주의 손에 있사오니…"(시 31:15).

나보다 나를 더 잘 아시고 나보다 나를 더 사랑하시는 주님은 그때 상황마다 늘 말씀을 주셨다. 그러기에 난 가진 것이 없어도 마음은 부유했다.

나는 내가 가난하다고 생각해 본 적도 없다. 가난하다고 생각하면 내 안에 계신 주님이 생각나서 마음은 늘 부유한 자로 살아가고 있다. 물론 가진 것이 없어서 불편한 점은 참 많았다. 그러나 그 대신 희로애락의 맛도 알게 되어서 인생을 더 넓고 값지게 살 수 있었다고 믿는다.

세상 사람들이 추구하는 부귀영화. 모든 사람들의 삶의 목적이 되어 버린 부귀영화가 나에게는 그다지 매력이 있어 보이지 않는다. 그래서 그런지 부귀영화를 누리고 사는 사람들을 부러워하지도 않는다. 그저 잠시 한때 지나갈 뿐이다.

"모든 육체는 풀과 같고 그 모든 영광은 풀의 꽃과 같으니

풀은 마르고 꽃은 떨어지되"(벧전 1:24).

성경에서는 우리의 모습을, 또 그토록 노력하고 얻은 모든 명예를 마른 풀과 떨어지는 꽃으로 비교하면서 인생은 잠깐 보이다가 없어지는 안개와 같다고 말했다.

지금은 100세 시대를 사는 시대라고 한다. 100년이 참 길어 보이지만 영원이란 시간 속에서는 하나의 점에 불과하다. 이렇게 짧은 인생을 어떻게 살아야 가치 있고 의미 있게 살 수 있을까?

주님께서는 주님의 핏값으로 우리를 사시고 "너희는 세상의 빛과 소금이다"라고 말씀하셨다. 주님은 왜 우리를 소금이라고 하셨을까?

소금이 하는 일은 여러 가지가 있겠지만 크게 두 가지가 있다. 소금은 부패를 막아주는 방부제 역할과 맛을 내는 일을 한다.

세상에서 제일 맛있는 것이 소금이라고 했다. 아무리 좋은 재료로 최고의 요리를 한다 해도 소금이 들어가지 않으면 아무 맛이 없다. 어떤 음식이든 소금이 적당히 들어가야 맛

1 _ 여호와는 나의 목자

이 난다.

주님께서 우리를 소금이라고 하신 것은 인생에 소금을 쳐서 맛을 내고 또 멋지게 살라고 하신 것 같다.

그런데 주님은 우리를 그냥 소금이라고 하지 않고 '세상의 소금'이라고 했다. 나 혼자만 멋지게 잘사는 것이 아니라 이웃과 함께 더불어 소금으로 인생에 맛을 내어서 멋지게 살라는 것이다.

요즘은 건강하고 모든 것을 가지며 부족함이 없어 보이는 사람들도 우울증에 걸려서 시달리다가 인생을 사는 것이 힘들어서 스스로 목숨을 끊는다. 이 우울증에 시달리는 사람들이 생각보다 많은 것 같다. 이런 사람들에게 살기 싫은 세상을 살맛나게 해주는 것이 바로 그리스도인들이 해야 할 일이다.

주님께서는 그리스도인들을 세상의 빛이라고도 했다. 요즘 세상은 온갖 권력으로 인하여 부정부패가 판을 친다. 그로 인하여 사회가 부패하며 불의가 더 큰소리를 내면서 세상을 어둡게 하고 있다.

주님께서는 그리스도인들이 이런 세상을 방관하는 것이 아니라 불의에 맞서서 정의를 외치고 어두움을 밝히는 빛이 되어 세상을 변화시키라고 말씀하신다.

이런 막중한 책임을 부여 받은 그리스도인들은 눈에 보이는 것을 잡기 위하여 달려가는 인생이 아니다. 잠깐 보이다가 없어지는 데 투자하는 그런 값싼 인생도 아니다.

"우리가 주목하는 것은 보이는 것이 아니요 보이지 않는 것이니 보이는 것은 잠깐이요 보이지 않는 것은 영원함이라"
(고후 4:18).

성경에서는 눈에 보이는 것은 잠깐이요, 보이지 않는 것은 영원한 것이라고 말하면서 보이는 것보다 보이지 않는 것에 더 가치를 두었다.

우리 눈에 보이는 모든 물질들은 영원할 수 없고 낡아지고 쇠퇴해가면서 없어지는 것이다. 반면에 우리 눈에는 보이지 않지만 낡아지지 않고 변함없는 영원한 것이 있다.

생각해보면 우리 눈에 보이지 않지만 그 무엇보다 소중한

산소가 있다는 것은 모든 사람이 인정한다. 우리가 매일 마시는 공기가 없다면 이 지구상에 있는 호흡이 있는 모든 자는 한순간도 살 수 없다.

바람, 사랑, 소리….
소리도 여러 가지 소리가 있다. 감미로운 소리는 사람의 마음을 사로잡는다. 밤하늘에 보이는 별도 우리 눈에 보이는 것보다 보이지 않는 것이 더 많다고 한다. 눈에 보이지 않지만 아름답고 고마운 것들이 얼마나 많은 줄 모른다.
그래서 나는 보이다가 없어지는 것이 아닌, 보이지 않는 영원한 것을 소유하기 위해 수고하고 애쓰고 싶다.

"진실로 각 사람은 그림자 같이 다니고 헛된 일로 소란하며 재물을 쌓으나 누가 거둘는지 알지 못하나이다 주여 이제 내가 무엇을 바라리요 나의 소망은 주께 있나이다"(시 39:6-7).

우리는 살면서 주위 사람들이 먼저 세상을 떠나는 모습을 흔하게 본다. 사고로 인하여 어느 날 갑자기 떠날 때도 있지만 대부분 질병으로 인하여 힘들게 투병 생활을 하다가 이기지 못하고 생을 마감하면서 이 세상을 떠난다.

세상을 떠난 사람을 향해 가끔 이런 얘기를 하는 것을 들을 때가 있다.

"고생 많이 했는데 이제 살 만하니 세상을 떠났다."

정말 고생 많이 하고 이제 살 만한데 세상을 떠난 사람도 있지만, 돈이 있으면서도 쓰지 못하고 모으기만 해놓고 떠난 사람도 있다. 이런 사람들은 위의 성경 말씀처럼 헛된 일로 바쁘게 살다가 자신이 모아놓은 재물은 누가 쓰게 되는지 정작 알지도 못하고 세상을 떠났다.

그렇게 땀 흘리면서 모은 재물이지만 자신은 쓰지 못하고 모아 놓은 재물이 그 사람에게는 휴지같이 되어버린 것이다.

인생을 정말 바보같이 살다가 갔다.

성경에는 돈을 사랑하는 것이 일만 악의 뿌리라고 했다.

돈을 사랑하다 보면 나도 모르게 돈의 노예가 되어서 돈에 끌려 다닌다. 그러면서 모아놓은 돈을 자신에게도 아까워서 쓰지 못하고 자신을 초라하게 만드는 사람도 있다. 또한 죽을 때까지 쓰고도 다 못 쓸 정도로 돈을 쌓아놓아도 끝없이 "돈, 돈…" 하다가 자신을 범죄자로 만들 수도 있다.

돈은 나에게 필요한 만큼만 있으면 된다고 생각한다. 그러나 우리 주위에는 언제나 어려운 사람이 많이 있기 때문에 능력이 있으면 부지런히 벌어야 한다. 부지런히 벌어서 어려운 이웃을 돌아보고 섬기는 것이 기독교인의 정신이다. 그래서 돈을 돈 되게 해야 한다고 생각한다.

돈은 써야만 가치가 있다. 어렵고 힘든 자를 위해서 쓰거나 좋은 일에 사용될 때 돈이 가지고 있는 가치는 더욱더 빛난다.

나는 내가 어려워도 돈의 노예가 아닌 돈을 다스리면서 살고 싶다. 많은 재물을 가지고 그림자처럼 사는 것이 아니라 주님 안에 있는 영원한 것을 가지고 영원히 빛나면서 살고 싶다.

지혜자이며 누구보다 부귀영화를 누렸던 솔로몬 왕은 그의 인생 말년에 인생을 논하기를 "해 아래서 수고한 모든 것이 헛되고 헛되도다" 하면서 마치 바람을 잡으려는 것이라고 인생의 허무함을 말했다.

세상 사람들이 부러워하는, 인생을 성공한 것처럼 한 손에는 명예와 권력을 쥐고, 한 손에는 부귀와 영화를 가지고 살았어도 그의 인생 끝에 설 때 예수 그리스도가 없는 인생은 헛되고 공허하다. 예수 그리스도가 없는 삶은 참으로 무의미하여서 인생의 허무함을 말할 수밖에 없다.

아무리 호화로운 생활을 하고 그 인생이 화려해도 예수 그리스도가 없는 인생은 실패한 인생이다. 인간의 삶에 대한 궁극적인 목적은 허망한 것을 좇지 않고 진리를 추구하는 것이다. 진리란 영원히 변하지 않는 것이다.

"진리를 알지니 진리가 너희를 자유롭게 하리라"(요 8:32).

주님께서 하신 말씀이다. 예수님은 진리이며 또 하나님의 비밀이기도 하다.

"…하나님의 비밀인 그리스도를 깨닫게 하려 함이니 그 안에는 지혜와 지식의 모든 보화가 감추어져 있느니라"(골 2:2-3).

사도 바울이 예수님을 만나고 알고 난 후 그의 인생은 변했다. 바울은 세상 사람들이 추구하고 자랑하는 것들을 다 갖추고 있어서 소위 세상 사람들이 부러워하는, 자랑거리가 많은 사람이었다. 그는 정통 유대인으로 태어나서 8일 만에 할례를 받았고 베냐민 지파로 율법으로는 바리새인이었으며 그때 당시 최고의 율법학자인 가말리엘 문하생으로 학식이 풍부했고 히브리어와 헬라어를 유창하게 말했던 사람이었다.

무엇보다도 당시 이스라엘이 로마의 속국에 있었는데 바울은 이스라엘인으로서 로마의 시민권을 가지고 있었다. 당시 로마 시민권은 로마 사람이 아니면 갖기가 쉽지 않았다. 로마를 위해서 훌륭한 업적을 세운 사람들에게만 주어지던 것이었고 후에는 이 시민권을 뇌물에 의해서 고가로 사고팔기도 했다.

이방인으로서 로마 시민권을 가진 사람들은 상당한 부와 명예를 누렸다고 볼 수 있다. 성경을 보면 바울을 심문하던 천부장이 바울이 로마 시민권을 가지고 있는 것을 알고 "나는 많은 돈을 주고 로마 시민권을 가졌는데 너는 어떻게 가졌느냐?" 하고 물었다.

그때 바울이 말하기를 "나는 태어나면서부터 로마 시민권을 가졌다"고 했다. 바울이 태어나면서부터 이 시민권을 가졌다는 것은 아버지가 로마 시민권을 가지고 있었던 것이다. 요즘 말로 하면 바울은 금수저인 셈이다.

이처럼 자랑할 것이 많은 바울이 예수님을 알고 난 후에는 자신이 갖고 있는 육적인 자랑거리는 예수님을 위하여 모두 다 배설물같이 버린다고 하면서 나를 위해서 십자가를 지신 예수 그리스도 외에 자랑할 것이 없다고 말했다.

> "그러나 내게는 우리 주 예수 그리스도의 십자가 외에 결코 자랑할 것이 없으니 그리스도로 말미암아 세상이 나를 대하여 십자가에 못 박히고 내가 또한 세상을 대하여 그러하니라"(갈 6:14).

바울의 자랑은 명예와 권력과 부귀도 아니고 예수님이라는 것이다. 그리고 바울은 하나 더 고백한 것이 있다.
예수 그리스도를 아는 지식이 가장 고상한 것이라고….

이렇게 바울은 오직 예수님만을 위해서 살며 복음을 전하다가 순교했다. 바울이 자랑하고 있는 예수님이 우리가 믿고 있는 예수님이다. 그런데 우리는 왜 이런 고백을 못 하고 가슴 떨리는 경험을 못하는가? 이유는 한 가지라고 생각한다.

우리는 예수님을 믿고 있지만 예수님을 잘 모르고 있기 때문이고, 예수님 안에 있는 나 자신이 어떤 존재인지 모르고 있기 때문이라고 생각한다.

성경은 우리에게 말하기를 예수님은 하늘의 비밀이고 예수님 안에는 모든 지혜와 지식과 보화가 감추어져 있다고 한다. 예수님이 하늘의 비밀이 되시고 예수님 안에 감추어져 있는 보화를 생각하면, 예수님을 생각만 해도 땅속에 있는 보물을 발견한 사람처럼 가슴이 설레는 것은 너무나 당연하다.

"천국은 마치 밭에 감추인 보화와 같으니 사람이 이를 발견한 후 숨겨두고 기뻐하며 돌아가서 자기의 소유를 다 팔아 그 밭을 사느니라"(마 13:44).

예수님의 성육신과 대속적 죽음으로 세워진 하나님 나라

는 우리의 인생과 모든 것을 다 팔아서 사야 할 만큼 귀중하며 삶 전체를 희생해도 좋을 만큼 영원한 가치를 지닌다.

영원한 가치란 영원히 내가 가지고 누리는 것이라고 생각한다. 예수 그리스도를 내 마음에 모시고 살아가는 인생은, 하늘에 있는 영원한 것을 바라보면서 살아가게 된다.

주님을 위해서 수고하고 주님의 이름으로 했던 모든 일들이 하늘에 쌓이면 그것은 없어지지 않고 영원히 내 보물이 된다.

> "오직 너희를 위하여 보물을 하늘에 쌓아두라 거기는 좀이나 동록이 해하지 못하며 도둑이 구멍을 뚫지도 못하고 도둑질도 못하느니라 네 보물 있는 그곳에는 네 마음도 있느니라"(마 6:20-21).

그러나 세상의 가치관을 가지고 땅에 있는 것만 바라보고 살면서 땀 흘리고 수고한 것을 땅에 쌓아 두면 어떻게 될까? 쌓아 놓은 것들이 이 땅에 살고 있을 때에는 내 것 같지만 이 땅에서 떠날 때에는 내 것이 아니다.

그렇게 수고하여 얻은 모든 것을 다 잃어버리고 아무것도 가지고 갈 수 없다. 내가 그토록 아끼고 사랑한 모든 것들도 다 버리고 갈 수밖에 없다.

그렇지만 이 세상을 떠날 때 오직 하나 가지고 갈 수 있는 것이 있다. 그것은 내가 가지고 있는 주님을 향한 믿음이다. 그리고 주님을 위해서 수고한 것도 결코 헛되지 않아 함께 가지고 갈 수 있다.

"헛되고 헛되며 헛되고 헛되니 모든 것이 헛되도다 해 아래에서 수고하는 모든 수고가 사람에게 무엇이 유익한가 한 세대는 가고 한 세대는 오되 땅은 영원히 있도다"(전 1:2-4).

이 땅에서의 인생이 끝나면 우리는 왔던 곳으로 다시 돌아간다. 육신은 흙으로 지었기에 흙으로 돌아가고, 영은 하나님께로부터 왔기에 하나님께로 돌아간다.

죽음이란 육과 영이 분리되고 각각 왔던 곳으로 다시 돌아가는 것이다. 그래서 우리는 누군가 죽으면 돌아가셨다고 말하기도 한다.

이 땅에서 살 때에도 육신은 흙에서 왔기 때문에 흙에서 나는 것으로 채워지고 땅에 있는 것으로 우리 몸은 어지간히 만족할 수 있다. 마음껏 먹고 배가 부르면 아무리 맛있는 음식이 있어도 먹고 싶지 않고 먹지도 못한다.

그러나 영은 하나님께로부터 왔기 때문에 땅에 있는 것으로는 채워지지 않는다. 꿈을 이루고 나면 더 큰 것이 보이고 가지고 싶은 것을 가지면 더 많이 가지고 싶다. 욕망은 끝이 없다.

아무리 수고하고 애써도 채워지지 않는 것이 있고, 모든 것을 다 가져도 채워지지 않는 뭔가가 있다.

"모든 만물이 피곤하다는 것을 사람이 말로 다 말할 수는 없나니 눈은 보아도 족함이 없고 귀는 들어도 가득 차지 아니하도다"(전 1:8).

예수 그리스도가 없는 영혼은 이렇게 목마르고 배고프다. 그러나 만물보다 크시고 우주보다 크신 예수님을 내 마음에 모시면 예수님 한 분만으로 내 마음은 채워진다.

이 땅에서의 삶은 영원한 곳에서 영원히 누리며 살 것을 준비하는 것이다. 또 하나님께서 나에게 주시는 기회의 시간이기도 하다.

그래서 나는 남은 인생을 주님께 더 집중하고 몰두하고 싶다. 내 인생이 다하는 날, 영원한 곳으로 날 인도하실 주님께 내 남은 인생을 드리고 싶다.

이 땅에서 내 인생이 끝나고 주님 앞에 설 때에 주님 안에서 수고한 열매를 가지고 주님 앞에 나아가서 이렇게 말하고 싶다.

"주님! 주님을 만난 후 주님은 제 인생의 전부였습니다."

정말 그렇게 말할 수 있었으면 좋겠다.

지혜자 솔로몬은 진정한 가치 있는 삶은 하나님을 경외하고 하나님 말씀에 순종하며 사는 것이라고 했다.

하나님을 바르게 알고 바르게 섬기며 하나님과 인격적인 교제 가운데서 살아가는 인생, 하나님의 말씀에 순종하면서 하나님 뜻을 이루며 사는 인생이 가장 가치 있고 수준 높은 삶이라고 생각한다.

하나님께서 하시는 일에 나를 사용하시면 이 얼마나 가슴 떨리고 가슴 벅찬 일이 아니겠는가?

그래서 나는 내 안에 있는 온갖 더러운 것들을 다 비우고 깨끗하게 닦아서 나를 주님께 드리고 싶다. 주님이 사용하시는 거룩한 도구가 되어서 내 남은 인생길에 주님 발자취를 남기고 싶다.

주님의 발자국이 있는 내 인생의 끝자락에 가서는 어느 찬송가 가사처럼 세상과 나는 간 곳 없고 내 주님의 영광만 보이기를 소망한다.

주님을 찬양하면서 내 인생의 종지부를 찍고 막을 내리는 인생. 마치 가을 단풍잎이 곱게 물든 채로 떨어지는 것처럼, 그렇게 단풍처럼 곱게 떨어지는 인생.

이런 인생이 복되고 존귀한 인생이 아니겠는가?

2
처음 들었던 하나님의 음성

1984년 늦은 봄이었던 것 같다.

애들 아빠가 사업에 실패하고 방황을 많이 하였다. 그때는 밤 12시면 통행금지가 있던 시절이었다. 그래서 12시가 되면 걱정을 하면서 기다리기도 했다.

어느 날 밤 12시가 다 되어서 애들 아빠가 집에 돌아왔다.
"왜 늦었어요?"
"그냥 거리를 다니다가 왔어."
힘없이 말하면서 내일 새벽기도회에 가겠다고 깨워 달라

고 했다. 처음 듣는 소리였다. 방황을 하면서도 새벽기도회나 철야기도회에 간 적이 없었다. 새벽기도회에 가겠다고 깨워 달라는 소리가 참 반갑게 들리기도 했다.

나도 같이 가고 싶었지만 애들이 너무 어려서 혹시 애들이 자다가 깨면 어떻게 하나 싶어서 애들만 두고 갈 수가 없었다. 나는 집에서 기도하겠다고 하면서 같이 기도하자고 약속했다.

새벽에 보성이 아빠는 교회를 가고, 나는 집에서 무릎을 꿇고 기도했다.

"하나님, 내가 무엇을 해야 합니까?"

그때 바로, 내 뒤 귓전에서 음성이 들렸다.

"기도해라. 네가 할 것은 기도밖에 없다."

조용하고 나지막한 목소리였다.

너무도 분명한 목소리에 깜짝 놀라 나도 모르게 나는 눈을 뜨고 뒤를 휙 돌아보았다. 어떤 사람이 몰래 방에 들어온 줄 알았다.

그때 우리는 달동네에 살고 있었는데 우리 방은 미닫이문만 열면 골목길이었다. 그래서 나는 정말 어떤 사람이 몰래 우리 방에 들어온 줄 알고 화들짝 놀라서 뒤를 돌아보았다.
 방 안은 아직 어두움이 채 가시지 않았고 희미한 어둠속에서 애들은 자고 있었다.

 아이들이 어려서 무엇을 할 입장도 아닌데 왜 "내가 무엇을 해야 합니까?"라고 기도했는지 모르겠다. 그것도 무릎 꿇고 처음 나온 말이었다.
 나는 다시 기도하려고 무릎을 꿇고 눈을 감았다. 그때 갑자기 말씀이 내 마음에 떨어졌다.

 "…네가 땅에서 무엇이든지 매면 하늘에서도 매일 것이요 네가 땅에서 무엇이든지 풀면 하늘에서도 풀리리라"(마 16:19).

 이 말씀이 성경 어디에 있는지도 몰랐고 무슨 말인지 그 뜻도 잘 몰랐다. 그런데 이 말씀이 머리에 떠오르면서 가슴에 떨어졌다. 마치 앞에서 던지는 것을 가슴으로 받는 것 같았다. 지금도 기억하는데 가슴으로 받는 충동감을 느꼈다.
 '아! 이것이 하나님의 응답이구나!'

그때에는 눈을 뜨지 않고 눈을 감은 그대로 구역장님이 구역예배 드릴 때 하시던 말씀이 생각났다. 그때 구역장님이 함순실 권사님이었다. 이날에 권사님은 하나님의 응답에 대해서 말씀하셨다.

"하나님의 응답은 말씀이 생각나고, 머리에 말씀이 떠오를 때가 하나님의 음성이다."

나는 함순실 권사님이 말씀하신 것을 생각하면서 눈을 뜨지 않고 끝까지 기도할 수 있었다.

하나님의 음성을 듣고 난 후부터 기도해야 한다는 마음의 부담감이 있었다. 그 이전부터 하나님의 음성을 듣기 전에도 밤에 혼자 교회에 가서 기도는 하고 있었다. 사실 기도도 어떻게 하는지 모르고 말씀도 잘 모르는 초신자 수준이었다.

그런데도 밤에 가서 잠깐 기도하는 것이 좋았고 기도하고 집으로 돌아올 때면 마음이 참 편했다.

30년이 넘었지만 "기도해라. 네가 할 것은 기도밖에 없다"라고 말씀하신 하나님의 음성이 지금도 내 귀에 쟁쟁하게 울리면서 잊을 수가 없다.

하나님의 음성을 듣고 나서는 기도를 해야 하는 부담도 있었지만 그때부터 사명감을 가지고 기도하고 있다.

이렇게 하나님은 조용하고 부드러운 목소리로 나를 만나 주시고 내가 해야 할 일을 분명하게 말씀해 주셨다.

10년이 지나면 강산도 변한다는데…강산이 3번이나 바뀌어 가는 시간 속에서 주님과 만나면서 주님과 함께 많은 추억도 만들어 놓았다. 추억 속에는 순종하지 않은 일도 있어 생각할 때마다 마음이 아프다.

나는 지금도 기도하면서 주님과 만들어 놓은 추억들이 생각나면 주저없이 바로 주님과 함께 추억의 장소로 가서 그때 주님께서 하신 말씀을 생각하고 주님께 이렇게 말한다.

"주님! 그때 주님께서 이렇게 말씀하셨죠?" 그러면 주님께서는 "그래, 내가 그때 그렇게 말했지"라고 고개를 끄덕이기도 하시고 빙그레 웃으시기도 하신다.

주님과 함께한 추억들을 생각하면 한결같이 내가 힘들고 어려울 때였다. 그렇게 힘들 때에도 주님과 함께하니 아름다운 추억이 되고 지금은 생각할 때마다 가슴이 설레고 잔잔한

감동이 내 가슴을 파고든다.

기도 시간이 아니라도 일상생활 속에서도 주님과 함께한 추억들이 곧잘 생각난다. 비디오를 보는 것처럼 주님과 함께 만들어 놓은 추억들이 내 머리를 스쳐 가면 지금도 함께하시는 주님이 느껴진다.

지나간 추억들은 다 아름답고 그때가 그립다고 누군가 말한 것처럼 주님과 함께 만들어 놓은 추억들을 생각하면 그립고 가슴이 따뜻해진다. 그러면서도 때때로 눈앞의 현실을 무시할 수 없기에 잘 넘어지기도 한다.

베드로가 주님을 바라보았을 때는 물 위를 걸어갔지만 거센 바람이 부는 풍랑을 보았을 때는 물에 빠졌듯이 나 또한 그러한가 보다.

베드로가 물에 빠지면서 "주여, 나를 구원하소서" 하고 주님을 불렀을 때 주님께서 즉시 손을 내밀어 물에 빠져가는 베드로를 건져 주신 것처럼 나 역시 넘어지면 즉시 손을 내밀어 일으켜 주시는 주님이시다.

"주님! 이제는 그리 아니하실지라도 주님께서 저를 얼마나 많이 사랑하시는 줄을 조금은 알 것 같습니다" 하고 주님께 조용히 말씀을 드리고 싶다.

"여호와를 가까이 하는 자가 복이 있나니…."

주님께서 말씀하신 것처럼 주님께 가까이 다가갈 수 있도록 복 있는 자로 살게 하시고 기도하게 하신 주님의 은혜가 살아갈수록 감사하다.

주님께 기도하면서, 특히 사람들이 다 잠들고 있는 깊은 밤에 교회에서 기도할 때 나는 이 자리가 얼마나 귀하고 복된 자리임을 생각하고 더욱더 하나님께 감사한다.

주님께서 주신 기도의 사명…기도하기를 쉬는 죄를 범하지 않도록 나의 건강과 환경을 돌보아주시기를 간구하면서 나는 기도할 것이다.

"여호와께서 내 음성과 내 간구를 들으시므로 내가 그를 사랑하는도다 그의 귀를 내게 기울이셨으므로 내가 평생에 기도하리로다"(시 116:1-2).

3
금식 중에 만난 주님

 나는 금식을 가끔 하는데 길게는 못하고 3일을 하는데도 참 힘들어 하는 체질이다. 어느 날 기도원에서 금식을 하는데 금식 2일째 되는 밤이었다. 밤 예배를 마치고 너무 힘들어서 누웠다. '잠깐 누웠다가 일어나서 기도 굴에 가서 기도해야지' 하고 생각했지만, 힘들어서 쉽게 일어날 수가 없었다.

 새벽 한 시가 다 되어서야 겨우 일어나 밖으로 나갔다. 걷기도 힘들 정도여서 얼마 가다가 주저앉아 버렸다. 나무 밑에 기대어 주저앉아 있으니 저만치 약수터가 보였다.

'약수터에 가서 물을 한 컵 먹어 볼까?'

물을 한 컵 먹으면 조금 힘이 날 것 같기도 했다.

금식을 하는 사람들은 대개 손에 생수병을 들고 다니면서 자주 물을 마시는 것을 본다. 기도원에서 생수병을 들고 다니는 사람을 보면 '저 사람도 금식하나 보다' 하고 생각하기 일쑤다.

그런데 나는 물을 먹지 않는다. 그래서 생수병을 들고 다니지도 않는다. 나는 물을 싫어하고 못 먹어서 평소에도 거의 물을 먹지 않는다. 금식 중에 물을 먹으면 바로 올라와 토해버리기도 한다.

'어쩌면 지금도 약수터에 가서 물을 먹으면 토해 버릴지도 모른다. 그래도 한번 먹어 봐야지…' 생각하고 약수터에 갔다. 약수터에서 컵에 물을 가득 받아 손에 들고 기도했다.

"주님! 물 살 먹고 먹은 물이 넘어오지 않게 해주세요."

기도하고 먹으려고 하는데 내 속에서 음성이 들렸다.

"내가 너를 사랑한다."

조용하고 나지막한 목소리였다.

"주님, 고맙습니다. 나 같은 것을 이렇게 사랑해 주시니…"

사랑 받을 수 없는 나임을 나 자신이 너무 잘 알기에 사랑한다는 주님의 음성이 부담으로 느껴졌다. 그리고 어느새 내 눈에는 눈물이 맺혀 있었다.

그때 시간이 새벽 1시가 넘고 2시가 되어가는 깊은 밤이었다. 낮에는 많은 사람이 오고가며 왁자지껄했지만 그 시간에는 아무도 없고 넓은 마당은 텅 비어 있었다. 간간이 저 멀리서 누군가가 기도하는 소리, "주여" 하며 주님을 부르는 소리가 애틋하게 들려오고 있었다.

꺼져 가는 심지처럼 힘없이 금식 2일째 밤을 혼자 그렇게 힘들게 보내고 있는 나를 보고 그 누군가가 나를 위하여 "주여" 하고 주님을 부르는 것 같았다.

이날 금식은 유난히 힘이 들었다. 주님께서는 그렇게 힘들어 하는 나를 보시고 물을 잘 먹지 못하는 나를 약수터로 이끄시고는 그 약수터에서 나를 만나주시고 "내가 너를 사랑한다"라고 말씀하셨다. 그러고 나서 물 한 컵을 먹게 하셨다. 물을 한 컵이나 마셨는데도 먹은 물은 넘어오지 않았다.

조금 가벼워진 발걸음으로 기도 굴에 가서 그날 밤이 새도록 주님께 기도했다.

다음 날이 금식이 끝나는 날이었다. 오후 5시가 되어서 죽을 먹기 위해 식당에 가려고 신발을 신는 순간 내 속에서 또 음성이 들렸다. 어젯밤 약수터에서 들었던 그분의 음성이었다.

"욕봤다."

역시 조용하고 나지막한 목소리였다. 나지막하지만 정이 담긴 목소리였다. "욕봤다"는 말은 경상도 사투리로 수고했다는 말이다.

이 말을 나는 사용하지 않는데 주님께서는 내가 경상도 사람이라고 경상도 말로 "욕봤다"라고 말씀하셨다. 육신의 아버지처럼 더 가까이서 주님의 사랑이 피부로 느껴졌다.

"욕봤다."

주님의 음성을 듣는 순간 나도 모르게 내 입에서 말이 튀어나왔다.

"아닙니다, 주님. 주님께서 주신 힘으로 금식했습니다."

내가 왜 "아닙니다, 주님"이라고 했는지 모르겠다. 주님께서 말씀하신 것처럼 나는 욕을 많이 봤다.

내가 그렇게 힘들어 하는 것을 보시고 주님이 "욕봤다"라고 말씀하셨으면 이렇게 대답했어야 했다.
"네, 주님! 주님께서 주신 힘으로 금식하고 잘 마쳤습니다"라고 말이다.

사람들은 흔히 수고하고 애쓴 일이 있어서 수고했다고 말하면 "아니요, 수고한 일도 없어요" 한다. 칭찬할 일이 있어서 칭찬하면 "아닙니다"라고 말하는 경우가 많다.
나 역시도 그런 사람인가 보다. 주님께서 "욕봤다"라고 말씀하셨을 때에 순간 내 입에 익숙하게 길들여진 말이 나도 모르게 "아닙니다, 주님"이라고 했던 것이다.
식당으로 걸어가면서 나는 기도했다.
"주님! 제가 힘들다고 하면 주님께서도 힘들어 하시고, 제가 한숨 쉬면 주님께서도 한숨 쉬는데 어젯밤에 저 힘들어 하는 것을 보시고 주님은 얼마나 힘드셨나요? 주님의 마음을 알고 있으면서도 저는 왜 이렇게 주님을 힘들게만 할까요? 제가 기뻐하면 주님께서도 기뻐하시고, 제가 행복해 하면 주님께서도 행복해 하시는 것을 압니다. 마음은 주님을 기쁘시게 해드리고 싶지만 제가 하는 행동은 늘 주님을 힘들게 하는군요."

얼마나 눈물이 나오는지 흐르는 눈물을 감당할 수가 없어서 고개를 푹 숙이고 눈물로 걸어가면서 계속 기도했다.

"주님께서는 저를 위해서 40일도 금식하셨는데 저는 저를 위하여 3일 금식하는 것도 그렇게 힘들었습니다."

내 얼굴은 눈물로 범벅이 되고 온몸으로 주님의 사랑을 느꼈다. 식당에서 죽 한 그릇을 앞에 놓고 나는 먹을 수가 없어서 흐르는 눈물만 닦고 있었다.

주님께서 광야에서 40일 동안 금식하신 것을 처음으로 깊이 생각해 보았다. 우리는 금식할 때에 추우면 따뜻한 곳에서, 더우면 시원한 곳에서 이렇게 좋은 환경에서 금식하면서도 힘들어 한다. 그러나 주님은 우리가 상상하지도 못하는 열악한 곳, 광야에서 사탄의 시험을 받으시면서 40일을 금식하셨다.

팔레스타인 날씨는 낮과 밤의 기온 차이가 심하여 낮에는 뜨겁고 밤에는 춥다고 한다. 그런 추위와 더위 속에서 주님은 몸 하나 의지할 곳 없는 광야에서 40일을 어떻게 보내셨을까?

생각할수록 주님의 사랑이 컸다. 주님의 사랑이 너무나 크게 보였다. 내가 주님을 사랑한다고 하지만 내가 주님을 사랑하는 것은 너무나 작게 보여서 그저 눈물만 흘리고 있었다. 나는 그때 느꼈던 주님의 그 큰 사랑과 주님을 만난 그 감동을 잊지 않으리라고 다짐하고 다짐했다.

평생 가슴에 간직하고 살겠다고 다짐했는데 많은 세월이 지나고 나니 내 가슴에 새겨진 그때 그 사랑과 그 감동이 빛바랜 사진처럼 희미해져 지금 생각하니 많이 잊고 살았던 것 같다.

주님! 죄송해요.

4
구 성전에서 마지막 기도하던 날 밤

"나의 앞날이 주의 손에 있사오니 내 원수들과 나를 핍박하는 자들의 손에서 나를 건져 주소서 주의 얼굴을 주의 종에게 비추시고 주의 사랑하심으로 나를 구원하소서 여호와여 내가 주를 불렀사오니 나를 부끄럽게 하지 마시고 악인들을 부끄럽게 하사 스올에서 잠잠하게 하소서 교만하고 완악한 말로 무례히 의인을 치는 거짓 입술이 말 못하는 자 되게 하소서 주를 두려워하는 자를 위하여 쌓아두신 은혜 곧 주께 피하는 자를 위하여 인생 앞에 베푸신 은혜가 어찌 그리 큰지요 주께서 그들을 주의 은밀한 곳에 숨기사 사

람의 꾀에서 벗어나게 하시고 비밀히 장막에 감추사 말 다
툼에서 면하게 하시리이다 여호와를 찬송할지어다 견고한
성에서 그의 놀라운 사랑을 내게 보이셨음이로다 내가 놀
라서 말하기를 주의 목전에서 끊어졌다 하였사오나 내가
주께 부르짖을 때에 주께서 나의 간구하는 소리를 들으셨
나이다 너희 모든 성도들아 여호와를 사랑하라 여호와께서
진실한 자를 보호하시고 교만하게 행하는 자에게 엄중히
갚으시느니라 여호와를 바라는 너희들아 강하고 담대하라"
(시 31:15-24).

새 성전을 건축하기 위해서 내일이면 현재 성전 건물이 철거되어야 하는 날이었다. 구 성전에서 마지막 기도하는 날 밤, 그날도 밤 10시경 교회에서 기도하는데 가슴이 무너지는 마음으로 눈물의 기도를 드렸다.

20년을 넘게 한결같이 그 시간이면 교회에 와서 기도했는데 현실은 변함이 없고 내일이면 새 성전을 건축하기 위해서 교회가 철거된다.

모든 것이 헛되고 공든 탑이 무너지는 것 같은 마음이었

다. 지금까지 내가 해온 기도가 허공에서 메아리만 치다가 사라진 것 같았다.

나는 신암교회를 떠나야 되겠다는 마음으로 기도했다.

"주님, 저는 신암교회를 떠나겠습니다. 신암교회를 떠나지만 하나님을 떠나 살 수 없으니 저에게 맞는 교회로 인도해 주세요."

기도를 하고 있는데 갑자기 선지자 요나가 생각나면서 이 말씀이 생각났다.

"내가 주의 목전에서 쫓겨났을지라도 다시 주의 성전을 바라보겠다 하였나이다"(욘 2:4).

요나는 하나님께 순종하지 않는 선지자로 유명하다. 요나는 니느웨라는 큰 성읍을 구원하기 위하여 하나님이 선택한 선지자였다.

니느웨는 앗수르 나라의 수도였다. 당시에 악이 도가 넘은 니느웨 성읍에 심판의 메시지를 선포하게 하고 니느웨 사람들이 회개하게 하여 그들을 구원하고자 하는 것이 하나님의 계획이었다.

그러나 요나는 과거 이스라엘을 괴롭혔던 앗수르가 구원 받는 것이 싫었고 선민이라는 특권의식을 갖고 있는 요나는 이방인 나라가 구원받는 것이 싫어서 하나님 말씀에 순종하지 않고 니느웨의 반대 방향인 다시스로 도망갔다.

요나는 하나님께 불순종하면서 하나님의 얼굴을 피해 배를 타고 다시스로 도망가다가 큰 폭풍을 만나게 되었다. 함께 배를 탔던 사람들은 폭풍을 만나게 된 것이 요나 때문인 줄 알고 그를 바다에 던졌다.

바다에 던져진 요나는 하나님이 예비해 놓으신 큰 물고기가 삼키게 되고 요나는 3일 동안 물고기 뱃속에 있으면서 회개기도를 하게 된다.

"요나가 물고기 뱃속에서 그의 하나님 여호와께 기도하여 이르되 내가 받는 고난으로 말미암아 여호와께 불러 아뢰었더니 주께서 내게 대답하셨고 내가 스올의 뱃속에서 부르짖었더니 주께서 내 음성을 들으셨나이다 주께서 나를 깊음 속 바다 가운데에 던지셨으므로 큰물이 나를 둘렀고 주의 파도와 큰 물결이 다 내 위에 넘쳤나이다 내가 말하기를 내가 주의 목전에서 쫓겨났을지라도 다시 주의 성전을 바라보겠다 하였나이다"(욘 2:1-4).

요나가 물고기 뱃속에서 하나님께 회개하는 기도가 내 기도처럼 느껴졌다. 나는 갑자기 눈물이 쏟아지기 시작했다.
지금까지 있었던 일이 주마등처럼 지나가면서 20년 동안 참았던 눈물이 쏟아져 나왔다. 눈물이 쏟아지면서 혼자 감당했던 모든 일들이 눈물과 함께 터져 나왔다.

그러면서 내가 매일 와서 기도했던 자리를 어둠 속에서도 눈여겨보면서 내일이면 이 자리가 없어지고 다시는 볼 수 없다고 생각하니 내 마음이 얼마나 허전한지…또 눈물이 나왔다.
밤마다 주님을 만나는 이 자리가 없어지면 어쩐지 주님과 멀리 떨어지는 것 같은 생각마저 들면서 주님 없는 나를 생각하니 추운 겨울날 둥지 잃은 참새처럼 나 자신이 왜 그렇게 초라해 보이는지 울고 또 울었다.

얼마나 울면서 기도했는지 눈은 뜰 수 없이 부어 있었고 시간은 12시가 넘어 있었다. 집으로 가기 위해 일어나 출입문을 여는데 발이 떨어지지 않았다.

그래서 문 앞에서 문고리를 잡고 울고 있었다. 그러다 어둠 속에서 서 계신 주님의 모습이 머릿속에서 선명하게 떠올랐다. 주님은 내 뒤 조금 떨어져서 서 계셨고 울고 있는 내 뒷모습을 바라보고 계신 모습이 환상으로 보였다.

나는 나도 모르게 뒤를 돌아다보았다. 그러나 주님이 서 계시던 그 자리에는 아무도 없고 어두움만 있었다.

환상으로 보았던 주님의 모습은 머리는 어깨까지 내려오는 긴 머리를 하고 계셨고 옷은 발목까지 내려오는 긴 옷을 입고 계셨다. 긴 머리와 긴 옷을 입은 주님은 아무 말씀 없이 내 뒤에 서서 울고 있는 내 뒷모습을 물끄러미 바라보고만 계셨다.

다음 날, 2004년 10월 18일로 기억되는데 교회가 철거되는 날이었다. 성도들이 교회에 나와서 필요한 물건과 짐들을 임시 예배 처소로 옮기는 날이기도 했다.

나는 교회에 가지 않고 기도원으로 갔다. 기도원에서 금식을 하면서 주님께 기도했지만 주님과 특별한 만남은 없었다.

교회는 주일만 가고 수요일 밤과 금요일 심야기도회는 가지 않았다. 그래도 주일은 참 많이 바빴다.
 임시 예배 처소에는 식당이 없었고 교사들이 편하게 앉아서 모임을 할 만한 편안한 공간이 없었다.

 그때는 오후 3시에 학생예배를 드렸다. 교사들이 점심식사를 하고 오후 1시에 모여서 교사 모임을 갖는다. 전도사님께서 교사들을 통해서 반별 점검을 하면서 학생들을 살폈다. 그리고 말씀을 나누고 한 주간 삶을 나누면서 기도 제목을 가지고 기도회를 하고 학생예배를 드렸다. 이렇게 하던 것이 어려워지게 되었다.

 점심 식사와 교사모임을 할 만한 장소가 불편해서 나는 우리 집을 오픈하기로 했다. 성전건축을 하는 동안 중고등부 교사들의 점심식사를 우리 집에서 하게 되었고, 교사모임과 기도회도 우리 집에서 하게 되었다.

 주일이면 원근각처에서 모인 성도들이 예배를 드리고 난 후에 식사를 하면서 한 주간 동안 살았던 이야기도 하고 친교를 나누는 시간이 필요한데 임시 예배 처소는 식당도 없고 그럴 만한 공간이 없어서 예배드리고 바로 집으로 가야 했기 때문에 너무 아쉬움이 많았다.

  가끔 몇몇 성도들과 우리 집에 모여서 점심식사를 하면서 친교를 나누기도 했다. 그런 날은 우리 집이 잔치하는 집 같았고 벗어놓은 신발들은 넘쳐서 대문 밖으로 나가기도 했다.

  그렇게 일 년이 넘도록 주일마다 우리 집에서 모임을 했는데 나중에는 이웃에게 미안한 마음이 들기도 해서 이웃사람들의 눈치를 보기도 했다.

  교사 기도회를 할 때는 전도사님이 큰소리로 통성기도를 하는 스타일이어서 전도사님이 크게 소리를 내어 기도하기 시작하면 교사들도 다 따라서 통성기도를 했다.

  우리 집은 에어컨이 없어서 여름에는 창문을 열어놓고 살았고, 이웃집도 창문을 열어놓아서 방에 있는 모습들을 서로 대충 보면서 살았다.

  그래서 통성기도를 할 때는 이웃집에서 얼마나 시끄럽다고 할까 생각하니 나는 신경이 쓰여서 기도도 못하고 빨리 끝나기만을 바랐다. 그렇다고 더운데 창문을 닫을 수도 없었다.

교사 모임이 끝나면 '젊은 교회' 청년부들이 모임을 갖고 가끔 기타를 치면서 복음송을 부르기도 했다. 집 건물들이 가깝게 붙어 있어서 우리 집 베란다에서는 가끔 옆집과 물건을 주고받고 할 정도로 거의 한 집과도 같았다.

일 년이 넘도록 주일마다 그렇게 시끄럽게 소란을 피웠지만 이웃분들은 고맙게도 한 번도 무슨 소리를 한 적이 없었다. 지금 생각하니 이웃분들이 얼마나 고마운지 모르겠다. 재개발 지역이 되어 지금은 다 흩어져 살고 있어서 얼굴을 볼 수 없지만 그때 이웃집에 살던 한 분 한 분이 새삼 머리에 떠오르기도 한다.

지금은 그곳에 아파트가 들어서 있어서 우리가 살았던 자리가 어딘지 흔적을 찾을 수가 없다. 그때 그 자리는 찾을 수 없지만 내 머리에는 입력이 잘 되어 있어서 내 인생에 있어서 특별한 추억이라면 추억이고, 내 인생길에 주님을 위해 수고한 흔적으로 남겨 놓았다.

당시 일 년여 동안은 이어달리기를 하는 달리기 선수처럼 뛰어다니면서 주일을 보냈다. 식사 준비는 토요일부터 했는데 밑반찬은 토요일에 하고 나머지는 주일 아침에 했다. 주일 아침에 일찍이 일어나서 토요일에 준비해놓은 식재료로 식사 준비를 해놓고 집 청소까지 하고는 바쁘게 뛰어가다시피 교회로 갔다.

교회에서 11시 예배를 마치고 나는 뛰어서 집으로 온다. 집으로 와서 혼자 식사 준비를 했다. 전도사님과 교사들이 오면 점심 식사를 하고 뒷정리를 한다. 주방에서 정리가 끝나면 한숨 돌릴 새도 없이 교사 모임을 하면서 기도회를 마치고 곧바로 학생예배를 드리려고 교회로 갔다.

전도사님과 교사들이 먼저 교회로 가고 나면 나는 다시 옷을 갈아입고 늦을세라 뛰어서 교회로 갔다.
예배를 마치면 학생들과 반별로 모여서 성경공부를 하게 되는데 한 곳에서 함께 성경공부를 하니까 학생들의 떠드는 소리에 주위가 산만해서 성경공부를 제대로 할 수가 없었다.
나는 우리 반 애들을 데리고 또 우리 집으로 와서 학생들과 함께 성경공부를 했다. 그러면 하루가 저물어 갔다. 그때는 그렇게 주일 내내 뛰어다니면서 주일 하루를 주님께 온전히 드렸다.

젊은 교회 청년부 예배는 저녁 시간에 예배를 드렸는데 예배드리기 전에 청년들도 구역별로 흩어져서 모임을 갖고 성경공부를 하는데 역시 장소가 좁아서 모이기가 힘들었다.
젊은 교회 청년부 한 팀(한 구역)도 우리 집에서 모임을 갖고 성경공부를 하였다.

주일은 그렇게 우리 집이 사람들로 붐비고 바쁘게 지냈지만 나는 여전히 수요예배와 금요일 심야기도회는 가지 않았다. 물론 교회가 철거되기 전에는 수요예배와 금요일 심야기도회를 특별한 일이 없으면 빠진 적이 없었다.
교회가 철거되면서 밤에 교회에서 기도했던 그 자리를 잃고 나서 나는 주님과 조금 멀어진 것 같은 마음이었고 생활 일부분이 무너진 것 같았다. 마음 한구석이 비어 있는 것 같기도 했다.

매일 밤 교회에 가서 기도하는 것이 습관처럼 되어서 하루의 생활 일부분처럼 되었지만 매일 교회에 와서 기도하는 것이 쉬운 일은 아니었고, 피곤할 때가 많았다.

그럼에도 피곤한 몸을 이끌고 기도하려고 교회에 갔던 것을 생각해 보면, 기도하는 그 자리가 쉼을 얻는 내 안식처였고 내일을 살아갈 수 있도록 에너지를 충전하는 곳이기도 했던 것이다.

기도하고 집으로 갈 때는 알 수 없는 평안이 내 마음에 자리 잡고 있어서 피곤한 몸이 풀리고 가벼운 몸으로 집에 가기도 했다. 이런 내 생활이 교회가 철거되어 기도 자리를 잃고 나서는 생활 리듬이 깨어지고 믿음도 함께 흔들렸다.

어느 날 전도사님이 집으로 심방을 오셨다. 수요일과 금요일 심야기도회에 나오지 않는 내가 걱정이 되어서 오신 것 같았다. 전도사님은 아무 말씀도 하시지 않았고 예배를 드렸다. 그때 예배드릴 때 주신 말씀이 앞에 있는 말씀 시편 31편 15-24절 말씀이었다.

말씀 중에서 "내가 놀라서 말하기를 주의 목전에서 끊어졌다 하였사오나 내가 주께 부르짖을 때에 주께서 나의 간구하는 소리를 들으셨나이다"(시 31:22)라는 말씀이 마치 그 날 밤 구 성전에서 마지막 기도하던 내 모습같이 머리에 떠올랐다.

그날 밤 기도하면서 "주님, 저는 신암교회를 떠나겠습니다"라고 할 때 정말 내가 주님 앞에서 멀리 떨어져 나가는 것 같았다.

이런 나에게 전도사님이 오셔서 말씀을 주시고 예배를 드리면서 힘이 되었다. 특히 주신 말씀 중에서 "내가 주께 부르짖을 때에 주께서 나의 간구하는 소리를 들으셨나이다"(시 31:22)라는 말씀이 왜 그렇게 위로가 되는지….

주님께서는 이렇게 내 마음이 울적해 있을 때 전도사님을 우리 집에 보내시고 말씀으로 나를 안으시면서 위로해주셨다. 그리고 주님께서는 지금도 내 기도를 듣고 계신나면서 나를 토닥거리시고 비어 있는 내 마음을 주님 사랑으로 채워주셨다.

나는 주신 말씀을 붙잡았다. 시도 때도 없이 말씀을 암송했다. 얼마 동안 수천 번을 암송한 것 같다. 그때는 밤에 잠자리에 들 때도 머리 위에 성경책 시편 31편을 펴 놓고 잤다.

유다 왕 히스기야 왕이 했던 일이 생각났기 때문이다. 유다 왕 히스기야 왕은 적군 앗수르 왕이 보낸 편지를 하나님 앞에 펴 놓고 기도했다.

"히스기야가 그 사자들의 손에서 글을 받아 보고 여호와의 전에 올라가서 그 글을 여호와 앞에 펴 놓고 여호와께 기도하여 이르되"(사 37:14-15).

나는 주신 말씀을 낮에는 암송하고 밤에 잠자리에 들 때에는 내 머리 위에 성경책 시편 31편 15-24절 말씀을 펴 놓고 이렇게 기도했다. "주님! 보시옵소서. 주님께서 말씀하셨나이다" 하고 잠자리에 들었다.

"나의 앞날이 주의 손에 있사오니…"(시 31:15).

지금도 나는 이 말씀(시 31:15-24)을 좋아하며 자주 암송한다. 아침에 눈을 뜨면 처음 하는 말은 속으로 주님을 부른다. "주님! 오늘 하루도 저는 주님 손에 있습니다."

주님께 고백하고 시편 31편 15-24절을 암송하고 주님을 의지한다. 어렵고 힘든 일이 있을 때도 "주님! 지금도 저는 주님 손에 있습니다" 하고 옆에 계신 주님을 의식하고 힘을 낸다.

그렇게 하면서도 연약한 나의 모습을 어쩔 수 없이 주님 앞에 많이 보여 드리기도 했다. 이런 나에게 주님께서는 너는 강하고 담대하라고 말씀하시는 것 같다.

우리는 어려움이 닥치고 고난이 찾아오면 이렇게 말한다.
"하나님이 살아 계시냐?"
"하나님이 어디 계시냐?"
이렇게 쉽게 말하고 좌절하며 포기한다.

신암교회가 환난을 겪을 때도 "하나님이 살아 계시다면… 이럴 수가…" 하는 말을 많이 들었다.

주님께서는 구 성전에서 마지막으로 기도하던 밤에 내 모습을 보시고 시편 31편 15-24절 말씀을 주시면서 강하고 담대하라고 말씀하셨다. 그러나 주신 말씀 중에서 23-24절 말씀은 모든 성도들에게 하시는 말씀이기도 했다.

"너희 모든 성도들아 여호와를 사랑하라 여호와께서 진실한 자를 보호하시고 교만하게 행하는 자에게 엄중히 갚으시느니라 여호와를 바라는 너희들아 강하고 담대하라"(시 31:23-24).

성도들이여, 우리 함께 마음을 다하여 주님을 진심으로 사랑합시다. 그리고 어떤 고난이 와도 힘을 내고 주님께서 말씀하신 것처럼 강하고 담대합시다.

주님께서는 우리와 함께 계시고 은밀한 가운데서 행한 우리의 모든 것들도 보고 계십니다.

인생 여정에서 고난이 올 때는 주님을 만나는 길목이기도 합니다. 고난을 겪으면서 우리는 주님이 어떤 분이신지 주님을 바로 알게 됩니다. 우리를 보고 계시는 주님의 그 따뜻한 눈길을 의식하고 우리가 해야 할 작은 일도 주님께 아뢰면서 주님을 따라가면 선한 목자가 되시는 우리 주님을 만나게 될 줄 믿습니다.

5
신암과 동현이 하나가 되다

새 성전을 건축하고 일 년 정도 지난 후에 교회에 환란이 일어났다. 교회는 둘로 나누어지게 되면서 편 가름이 되었다.
그러다 보니 교회는 시끄러워지고 말이 많아지게 되면서 이편, 저편으로 불리게 되었다. 나는 이편도 아니고 저편도 아니었다. 그냥 내 자리에 서 있었다고 생각한다.

1997년에 꿈에서 본 것이 10년이 지난 후 지금 눈앞에 일어나고 있었다. '일어날 일이 일어나고 있구나'라고 생각하고 내가 서 있던 자리에 서 있었다.

이편, 저편으로 예배도 나뉘어서 각각 드리게 되었다. 그러면서 같이 신앙생활 했던 사람들이 교회에서 만나면 어색한 사이가 되기도 하며 이상한 일들이 일어났다. 신앙생활이 힘들어지고 주일날이 되면 무거운 짐을 지고 교회에 가는 것 같았다.

환란 기간이 생각보다 길어지면서 성도들도 하나씩 흩어지게 되고 함께한 사람들도 지쳐가고 있을 때 교회 합병설이 있었다. 처음에는 금호동에 있는 가까운 교회와 합병이 될 것이라는 말이 있었다. 그러나 합병은 쉽게 되지 않았다. 합병이 된다는 것이 쉽지 않은 일인 것 같았다. 합병설이 있은 지 일 년 정도 후에 동현교회와 말이 있었다. 동현교회는 아현동에 있는데 거리가 너무 멀어서 힘들지 않겠느냐는 말들도 하였다. 그런데 하나님은 동현교회와 신암교회가 하나 되는 것을 원하고 계셨다.

어느 날 새벽 기도 시간이었다. 동현교회와 신암교회의 합병을 위해서 기도하는데 눈앞에 환상으로 푸르고 환한 청록빛의 C자형이 2개가 보이는데 2개가 각각 떨어져 있었다. 'C Ɔ'와

같은 모습이었다. 각각 떨어져 있는 C자형은 그 자리에서 빙글빙글 돌고 있었다. 매일 두 교회의 합병을 위해 기도하였다.

그리고 몇 달 후 새벽 기도 시간이었다. 그날도 두 교회의 합병을 위해서 기도하는데 지난번과 똑같은 환상이 눈앞에 나타났다. 환하고 푸른 청록색 빛으로 똑같은 C자형 2개가 보이는데 지난번과 똑같은 모습이었다.

그런데 이번에는 각각 양쪽에 떨어져 있던 C자형 2개가 빙글빙글 돌면서 점점 가까이 다가가면서 두 C자가 붙었다. 2개가 붙으면서 크게 O자가 되었다. '신암교회와 동현교회가 하나 되는 것이 하나님의 뜻이구나'라고 생각하고 혼자만 알고 아무에게도 말하지 않았다.

그때는 말들이 참 많았다. 어떤 말이 나가면 잘못 전달되면서 엉뚱한 말이 되어 사람들에게 상처를 주기도 하고 오해를 받기도 했다. 그래서 나는 아무에게도 말하지 않고 하나님이 하실 일을 기대하고 기다리고 있었다.

그리고 그 이후로 나는 두 교회의 합병을 위해서 한 번도 기도하지 않았다. 하나님께서 분명하게 보여 주셨기 때문이다.

교회에서는 계속 두 교회의 합병을 위해 기도했고 주일 예배가 끝나면 교회 합병을 위해 성도들이 한 목소리로 통성기도 시간을 가졌지만, 나는 혼자 두 교회가 하나 된 모습을 생각하고 감사의 기도를 했다.

그러나 합병은 쉽게 되지 않고 말들은 참 많았다. 오히려 합병이 어려워진다는 말이 있었다. 그리고 또 몇 달이 지나갔다. 합병은 되지 않는 것으로 이미 결정이 되었다고 말하였고 동현교회에서도 합병을 포기하는 것으로 말이 들려왔다.

그러나 나는 속으로 그 모든 소리를 무시해 버렸다. 무슨 일이 있어도 합병은 된다고 생각했다. '하나님이 하시는 일을 사람이 어찌 막을 수 있겠느냐' 하고 생각하면서 내 믿음은 흔들리지 않았다.

얼마 후, 마침내 두 교회가 하나가 되었다. 하나님의 뜻에 의해서 하나님께서 하신 일이었다. 뜻을 이루시는 하나님의 신실하심과 성실하심을 온 성도와 함께 찬양하고 싶다.

6
기도하시는 예수님의 손

수요일 밤 예배 시간이었다. 그날 예배 시간에 주신 하나님 말씀은 여호수아 4장에 있는 말씀이었다. 여호수아가 이스라엘 자손을 이끌고 요단 강을 건너는 사건을 기록한 내용이다.

제사장들이 하나님의 법궤를 메고 발이 요단 강 물에 잠기자 흘러내리는 물이 끊기고 요단 강 가운데 길이 열려서 이스라엘 백성들이 마른 땅으로 요단 강을 건너게 되고 제사장들이 섰던 그 자리에서 돌 12개를 가지고 오는 이야기다.

"여호수아가 요단에서 가져온 그 열두 돌을 길갈에 세우고 이스라엘 자손들에게 말하여 이르되 후일에 너희의 자손들이 그들의 아버지에게 묻기를 이 돌들은 무슨 뜻이니이까 하거든 너희는 너희의 자손들에게 알게 하여 이르기를 이스라엘이 마른 땅을 밟고 이 요단을 건넜음이라 너희의 하나님 여호와께서 요단 물을 너희 앞에서 마르게 하사 너희를 건너게 하신 것이 너희의 하나님 여호와께서 우리 앞에 홍해를 말리시고 우리를 건너게 하심과 같았나니 이는 땅의 모든 백성에게 여호와의 손이 강하신 것을 알게 하며 너희가 너희의 하나님 여호와를 항상 경외하게 하려 하심이라"(수 4:20-24).

공훈 목사님께서 본문 말씀을 가지고 말씀을 전하시면서 우리 교회에 세워져 있는 돌에 대해서 말씀하셨다.

성경 본문 말씀에 돌 이야기가 나왔다. 그래서 서론으로 교회에 세워져 있는 돌에 관해서 이야기하시는 것 같았다. 우리 교회 화단에는 교회 건축을 하면서 기초 공사 땅을 팔 때 나온 돌이 세워져 있다. 목사님께서도 우리 교회를 건축하면서 땅을 팔 때 나온 돌이라고 말씀하셨다. 나는 말씀을 들으면서 가슴이 뛰기 시작했다.

오래전부터 나는 내가 체험하고 주님께서 하신 일들을 책으로 쓰고 싶은 그런 막연한 생각을 가지고 있었다. 얼마 전부터 그 막연한 생각이 강하게 들면서 나를 밀어붙였지만 나는 자신이 없어서 매일매일 미루고 있었다.

어느 날 수요일 새벽, 잠이 오지 않아서 그동안 미루었던 글을 몇 장 써 보았다. 그런데 그날 밤 예배 중 목사님께서 전하시는 본문 말씀이 우리 교회에 세워진 돌에 대한 말씀이었다. 그 말씀이 나에게는 수님의 음성으로 들려왔고 예수님의 인도하심으로 이 글을 쓴 것 같았다.

옛날, 말씀도 잘 모르고 기도도 어떻게 하는지 잘 알지 못한 채 교회에 다닐 때였다. 준성이가 태어나서 첫돌이 안 되었을 때부터 밤에 교회에 가서 기도하기 시작했다. 매일 밤

10시 경에 와서 기도를 했다. 그 시간이면 사람들이 잠자리에 들 시간인데, 내가 교회에 가서 기도하면 하나님 눈에 띌 것 같은 생각이 들었기 때문이었다. 하나님 눈에 띄어서 사랑받고 싶은 생각에 그렇게 했던 것 같다.

처음에는 밤에 캄캄한데 혼자 앉아서 기도하면 무서운 마음이 들 때도 있었다. 기도할 때면 방해하는 세력이 있어서 여기저기서 여러 가지 소리가 났다. 소리뿐만 아니라 사탄은 여러 가지 방법으로 방해하였다.

한번은 기도하다가 놀라서 밖으로 뛰어나간 적도 있다. 그날도 밤에 본당에서 혼자 눈을 감고 기도하는데 내 오른쪽 발 세 번째 발가락 사이에 뱀 대가리가 끼어 있었고 꼬리 부분은 서서 흔들리면서 파닥거리는 환상이 보였다.
나는 너무 놀라 밖으로 뛰어나가 정신없이 계단을 뛰어 내려오면서 방앗간, 지금의 SK가게 앞까지 와서는 나도 모르게 다시 내 발을 쳐다보았다. 그 후로는 발이 보이지 않게 무릎을 꿇고 기도를 했다. 몇 년이 지난 후에는 사탄이 방해하는 소리는 많이 들리지 않았다.

우리 아이들이 초등학교 다닐 때부터 하나님께서는 나에게 구체적으로 다가오시며 응답하시고 체험하게 하셨다.

처음에는 십자가를 보여 주셨다. 눈을 감으면 십자가가 보이고 어떤 때에는 눈을 떠도 십자가가 보였다. 몇 년을 그렇게 보이다가 어느 날부터는 십자가 밑에 어떤 사람이 앉아서 기도하는 뒷모습이 보였다. 십자가 밑에서 기도하는 사람의 뒷모습을 보면서, 저렇게 기도하라고 나에게 보여 주시는 줄 알고 십자가 밑에서 기도하는 사람이 나라고 생각했다.

그런데 어느 날 그 기도하는 사람의 머리 뒤가 환하게 보였다. 예수님 성화에서 보면 예수님 머리 뒤의 후광과 똑같음을 보고 십자가 밑에서 기도하는 분은 내가 아니고 예수님이신 줄 알고 깜짝 놀랐다.

어떤 때에는 주일 낮 예배 시간에 강대상 뒤 휘장에 크게 보이기도 했다. 그렇게 오랫동안 그런 환상을 보다가 언제부터인지 보이지 않았다.

많은 시간이 지난 후에 새 성전이 건축되고 입당하는 날이 되었다. 2006년 1월 1일이었다. 기대하는 마음과 조금 설레는 마음으로 교회 계단을 올라가는데 성전 옆에 있는 화단에 큰 돌이 세워져 있는 것이 눈에 보였다.

나는 세워져 있는 돌 앞에 서서 한참 동안 돌을 쳐다보면서 여러 가지 생각들을 했다.

'저 돌은 어디서 가져왔지? 어디서 사 왔나보다.'

그렇게 생각하고 있는데 돌을 쳐다보고 있는 나를 보고 옆에 계신 장로님이 마치 내가 혼자 속으로 말한 것을 들은 것처럼 이렇게 말했다.

"저 돌은 교회 기초공사를 하면서 땅을 팔 때 나온 돌인데 기도하시는 예수님의 손이다."

'뭐? 기도하시는 예수님의 손이라고…?'

나는 장로님이 하시는 말씀을 듣는 순간 가슴이 쿵 하는 소리를 들으면서 다시 돌을 쳐다보았다.

두 손을 모아서 기도하는 손. 정말 손 모양이었다.

기도하시는 예수님의 손이라고 장로님이 말씀할 때 내가 너무나 놀란 이유는 내가 오랫동안 보았던 환상, 즉 십자가 밑에서 기도하시는 예수님 모습이 생각났기 때문이었다.

그리고 또 놀란 것은 교회 건축을 하면서 땅을 팔 때 땅속에서 나온 돌이라고 해서 더 놀랐다.

오늘도 우리를 위해서 기도하시는 예수님의 손.

"이와 같이 성령도 우리의 연약함을 도우시나니 우리는 마땅히 기도할 바를 알지 못하나 오직 성령이 말할 수 없는 탄식으로 우리를 위하여 친히 간구하시느니라"(롬 8:26).

우리의 연약함을 아시는 주님께서는 지금도 우리를 위하여 기도하고 계시는 주님의 손이다. 그때부터 나는 교회에 들어올 때마다, 또 나갈 때마다 저 돌을 바라본다. 바라보면서 나는 속으로 기도하고 이렇게 말씀을 암송한다.

"이것이 주의 손이 하신 일인 줄을 그들이 알게 하소서 주 여호와께서 이를 행하셨나이다"(시 109:27).

"보라 이번에 그들에게 내 손과 내 능력을 알려서 그들로 내 이름이 여호와인 줄 알게 하리라"(렘 16:21).

또 가끔 돌 앞에 서서 하늘을 보면서 이 말씀을 암송하며 지금도 기도하고 계시는 주님께서 홀로 영광 받으시기를 간절히 기도하기도 한다.

신암교회와 동현교회가 하나가 되어서 연합 축하 예배를 드릴 때에 오성춘 목사님이 하신 말씀을 기억한다. 목사님이 권면의 말씀을 하셨는데 권면하는 말씀 중에 다른 말씀은 기억이 안 나지만 이 말씀은 기억한다.
"하나님의 손은 크고, 하나님의 손은 기적의 손이다"라고 하셨다.
그 말씀을 들으면서 나는 세워져 있는 돌, 예수님의 기도하시는 손을 생각하면서 오성춘 목사님을 통해서 말씀하시는 예수님의 음성으로 들려졌다.

오늘 예배 시간에도 하나님께서는 여호수아 4장 말씀을 우리에게 주시면서 마음을 다해서, 항상 그리고 진심으로 하나님을 사랑하고 섬기라고 지금도 우리에게 말씀하신다.
이스라엘 백성들이 하나님이 주신 가나안 땅에 들어가려면 요단 강을 건너야 했다. 그때 하나님께서 초자연적인 권능으로 요단 강의 흐르는 물을 멈추게 하시고 요단 강 가운데 길을 내시고는 이스라엘 백성들을 마른 땅으로 된 요단 강을 건너가게 하신다.

하나님은 기적 속에서 이스라엘 백성들을 요단 강을 건너가게 하시고 여호수아에게 그 요단 강에서 돌 12개를 가지고 나와서 그들이 생활하는 곳에 세워두라고 말씀하셨다.

"그들에게 명령하여 이르기를 요단 가운데 제사장들의 발이 굳게 선 그곳에서 돌 열둘을 택하여 그것을 가져다가 오늘밤 너희가 유숙할 그곳에 두게 하라 하시니라"(수 4:3).

이스라엘은 12지파로 구성되어 있는데 돌 12개는 12지파의 상징물이었다. 하나님은 요단 강에서 돌 12개를 가져다가 이스라엘 백성들이 거처하는 곳에 세우게 하셨다.

이스라엘 백성들은 생활 속에서 세워져 있는 돌 12개를 매일 바라보면서 하나님의 역사를 기억할 수 있었을 것이다.

돌 12개는 요단 강의 기적을 상기시키는 기념물이었으며 후손들에게 하나님께서 행하신 기적을 알게 하고 이스라엘 자손을 하나님 백성으로 교육하는 시청각 자료이기도 하였다.

우리는 과거도 잘 잊어버리지만 우리의 의지도 쉽게 잃어버린다. 그래서 '작심 3일'이라는 말까지 있는 것 같다. 우리의 체질을 잘 아시는 하나님께서는 하나님의 백성들이 하나님의 은혜를 잊지 않고 기억하면서 항상 하나님을 경외하게 하려고 열두 돌을 세우게 하신 것이다.

오늘날 우리에게도 하나님의 은혜를 잊지 않고 우리를 위해서 지금도 기도하고 계시는 주님을 기억하면서 하나님 자녀답게 살게 하려고 저 돌을 세운 것은 아닐까?

하나님께서는 우리를 자녀로 삼으시고는 "내가 거룩하니 너희도 거룩하라"고 말씀하셨다. 거룩하다는 말은 구별된다는 뜻이다. 즉 하나님은 하나님의 자녀들이 세상 사람들과는 다른 가치관과 사고방식으로 구별되게 살면서 하나님과 세상 사람들을 사랑하라고 말씀하셨다.

그런데 요즘 세상살이가 어떤가? 구별된 모습으로 살아가기가 어렵다. 하나님이 원하시는 모습으로 살아가기가 힘든 세상이다. 그래서 하나님은 하나님의 자녀들이 먼저 하나님을 알기 원하신다.

예수님은 우리를 위해서 하신 일과 지금도 우리를 위해서 간절히 기도하고 계시는 예수님을 깊이 알아가기를 원하신다. 주님을 바라보면서 우리의 믿음이 예수 그리스도의 장성한 분량에 이르기까지 자라기를 원하시고 지금도 기도하고 계신다.

> "우리가 다 하나님의 아들을 믿는 것과 아는 일에 하나가 되어 온전한 사람을 이루어 그리스도의 장성한 분량이 충만한 데까지 이르리니"(엡 4:13).

교회에 세워져 있는 돌 '예수님의 기도하시는 손'을 볼 때마다 우리 모두는 지금도 나를 위해서 기도하고 계시는 주님을 생각하고 살아갔으면 좋겠다.

7
신금호교회를 명문 교회로

　예전에 신암교회를 다니셨던 권사님에게서 전화가 왔다. 권사님은 동대문에 있는 어느 교회를 나가고 계신다고 하면서 역사가 오래된 교회지만 한 번도 그런 어려움이 없었던 명문 교회라고 말씀하셨다.
　신암교회는 과거에도 그런 어려움이 있었다면서 그런 교회도 교회냐고 말씀하셨다. 문득 지난 5년간 교회에서 일어난 일들이 생각나면서 그런 교회도 교회냐고 말씀하신 권사님의 말씀이 머리에서 지워지지 않는다.

사실 그때를 생각하면 그때 5년 동안 신암교회는 교회가 아니었다. 사탄이 역사하는 활동 무대였다. 사탄은 그들이 원하고 바라는 대로 교회가 되어가는 것을 보고 모여서 손뼉을 치면서 즐거워하고 축배의 잔을 들었을 것이다.

사탄! 이는 영적인 존재이다. 영적 존재이기에 우리 눈에 보이지 않는다. 늘 당하고 살면서도 우리는 눈에 보이지 않기에 인정하지 않고 관심도 가지지 않는다.

그러나 사탄은 우리들 가운데 분명히 있으며 오늘도 온갖 방법으로 우리를 공격하고 실족하게 하며 분열시키고 있다.

동현교회와 신암교회가 합병되고 얼마 후부터 금요일이 되면 심야 기도회를 마치고 박 권사님과 나는 집에 가지 않고 교회에 남아서 새벽까지 기도를 하고 있었다.

토요일 새벽에 기도하려고 강단 밑에 앉았는데 조금 피곤하고 집중이 잘 안 되어서 강단에 얼굴을 숙이고 엎드렸는데 갑자기 나에게 달려드는 무언가를 느끼는 동시에 짙은 어두움이 나를 덮었다.

불을 켜지 않고 기도하고 있어서 깜깜하여 앞도 잘 보이지 않았는데 더 짙은 어두움이 나를 덮쳤다. 지금은 비상구 등을 켜서 많이 어둡지 않지만 그때는 비상구 등을 켜지 않아서 깜깜해서 앞이 안 보였다.

마치 까만 보자기로 나를 덮으면서 뒤에서 내 머리와 목을 힘껏 눌렀다. 나는 큰 소리를 외쳤다. "주여!" 하고 소리를 쳤지만 목에서 나오지 않았고 몸은 굳어서 꼼짝을 못하고 심장은 멎는 것 같았다. 순간 나는 죽은 것 같았다.

사탄이 내 머리와 목을 잡고 힘껏 누르고 있는 것만 같았다. 나는 머리를 강단에 엎드린 채 몸을 움직이지 못했다. 내 마음은 발버둥을 치면서 속으로 간절히 다급한 마음으로 주님께 기도했다.

"주님! 도와주세요. 주님! 도와주세요" 하면서 있는 힘을 다 하여 "주여!" 하고 소리를 쳤는데 소리가 입 밖으로 나온 것 같았다. 어두움이 물러가고 몸이 풀리면서 기도를 하기 시작했다.

아침에 생각하니 꿈만 같은 일이었다.
같이 기도했던 박 권사님께 물었다.
"권사님, 제가 어제 저녁에 기도할 때 '주여!' 하고 외쳤어요?"

그러자 권사님은 "응, 소리를 한 번 쳤다"라고 하셨다.

나는 두 번 소리친 것 같았는데…한 번은 입 밖으로 나오지 않았던 것 같다.

그 후로는 피곤하거나 집중이 잘 안 되어도 엎드리지 않는다. 이렇게 사탄이 장난한 것이 한두 번이 아니다.

산천초목이 모두 잠들어 있는 고요하고 깊은 밤… 주님과 조용히 독대하고 싶은 마음이 너무나 간절한데 가로막고 방해하는 것이 많다.

어느 날은 기도하려고 강단 밑에 앉았는데 사탄이 내 뒤 멀찍이 앉아서 몽둥이로 나를 쿡쿡 찌르기도 했다. 이때도 피곤해서 집중이 잘 안 되고 정신이 가물가물해질 때였다. 이런 때는 영적인 전쟁이 치열하다. 사탄은 귀신같이 알고 이때를 공격한다. 나는 화들짝 정신을 차리고 냅다 소리를 질렀다.

"예수님의 이름으로 내가 너에게 명령한다. 너는 물러가라!"

그러면 그들은 놀라서 도망간다. 나는 목소리가 작은데 이런 때는 얼마나 목소리가 큰지 스스로 놀라기도 한다. 예수님의 권세를 내가 사용하다니 이 얼마나 놀라운 일인가?

우리는 사실 예수님의 권세를 다 가지고 있다. 주님께서는 주님을 나의 구주로 고백하는 모든 성도들에게 주님의 권세를 주셨다. 그런데 우리는 주님이 주신 권세를 얼마나 많이 사용하고 있는지…어쩌면 사탄은 우리가 주님이 주신 권세를 잘 사용하지 않는 것을 알고 우리를 더 공격하는지도 모른다.

이처럼 사탄은 틈만 나면 우리를 공격하고 심심해도 공격하는 것 같다. 우리 그리스도인들은 사탄의 실체를 인정하고 영적으로 무장하여 그들을 대적하며 살아야 한다.

성경에서도 사단은 늘 우리를 하나님 앞에서 참소하고 모함하는 것을 볼 수 있다. 시험을 받은 사람 중에 대표적인 사람이 욥이다. 욥은 하나님이 칭찬하는 사람이었다.

하루는 하나님이 사단에게 말씀하셨다. 욥은 온전하고 정직하며 하나님을 경외하고 악에서 떠난 사람이라고 욥을 자랑스럽게 말씀하셨다.

그러자 사단은 욥이 이유 없이 하나님을 경외하겠냐고 하면서 하나님이 욥에게 복을 많이 주어서 하나님을 경외하니 이제 한번 욥에게 시련을 주어서 시험 해보라고 했다.

"이제 주의 손을 펴서 그의 모든 소유물을 치소서 그리하시면 틀림없이 주를 향하여 욕하지 않겠나이까"(욥 1:11).

이렇게 해서 욥은 고난을 당하지만 고난을 받으면서 하나님을 더 깊이 알아가고 고난 끝에 가서는 하나님을 만나면서 그가 하나님께 고백하는 말은 모든 사람이 다 부러워 할 것이다.

"내가 주께 대하여 귀로 듣기만 하였사오니 이제는 눈으로 주를 뵈옵나이다"(욥 42:5).

욥은 더욱더 겸손해지고 하나님 앞에 바로 서서 주님을 잘 섬겼다. 그의 인생은 고난 받기 이전보다 복을 더 누리고 빛났다.

구약성경 스가랴서에도 보면 대제사장 여호수아가 더러운 옷을 입고 있는 것을 보고 사탄은 하나님에게 여호수아가 입고 있는 옷이 더럽다고 참소한다. 그러자 하나님은 사탄을 책망하고 변호하는 것을 볼 수 있다.

"여호와께서 사탄에게 이르시되 사탄아 여호와께서 너를 책망하노라 예루살렘을 택한 여호와께서 너를 책망하노라 이는 불에서 꺼낸 그슬린 나무가 아니냐"(슥 3:2).

불에서 꺼낸 그슬린 나무…하나님께서 표현을 참 멋지게 하셨다. 나는 이 말씀을 생각할 때마다 내가 매일 불 속에서 살고 있다고 생각한다.

그렇다. 우리는 매일 죄악과 불신이 가득한 세상에 살면서 그슬리고 있다. 그슬리면서 나도 모르게 세상 문화에 동화되어 가면서 세상과 적당히 타협하고 세상 사람과 구별되어야 할 하나님의 자녀로서의 정체성도 잃어버리면서 살 때가 있다.

주일날 교회에 가서 주님께 예배드리는 시간에 우리는 주님께 참회의 기도를 하면서 한 주간 동안 살았던 것을 생각하고 우리의 죄를 고백한다. 그러면 주님은 우리의 죗값을 지불하기 위해서 우리 대신 십자가에 달려서 죽으신 피로 우리를 정결하게 하신다.

나는 그때마다 더러워진 옷을 벗고 깨끗한 새하얀 옷을 입는 기분이다. 주님께서 깨끗하게 입혀준 새하얀 옷을 입고 우리는 또 한 주간을 살면서 죄악에 그슬리기도 한다. 때로는 진흙탕에서 뒹군 것처럼 만신창이가 되어서 주일날 주님 앞에 설 때가 얼마나 많은지 모른다.

이렇게 살다가 이 땅에서 생을 끝내고 하나님 앞에 서게 되면 우리의 모습을 보고 사탄은 우리의 허물을 하나님께 많이 참소할 것이다. 하지만 그때도 주님께서 우리 옆에 계셔서 우리의 대인자가 되시고 우리를 변호하실 것이다.

이렇게 사탄은 우리의 모든 생활 영역에서 끊임없이 우리를 대적하고 공격할 기회를 찾고 있다. 요한계시록에 보면 사탄은 우리를 밤낮으로 하나님께 참소한다고 적혀 있다.

"…우리 형제들을 참소하던 자 곧 우리 하나님 앞에서 밤낮 참소하던 자가 쫓겨났고"(계 12:10).

이렇게 사탄은 우리 가운데 있으면서 별짓을 다하고 있으며 우리의 허물을 밤낮으로 하나님께 참소하고 있다.

이처럼 우리를 삼키기 위하여 우리 주위를 맴돌고 있는 그 사탄의 실체를 알기 위해서는 우리의 신앙이 깨어 있어야 한다.

"근신하라 깨어라 너희 대적 마귀가 우는 사자같이 두루 다니며 삼킬 자를 찾나니 너희는 믿음을 굳건하게 하여 그를 대적하라"(벧전 5:8-9).

무엇이든지 본질을 잃어버리면 비본질이 자리를 잡기 시작하고 사탄도 그 틈을 이용해 자신이 주인 노릇을 한다. 사탄이 하는 일은 분열시키고 쓰러뜨리는 것이기 때문에 본질보다 비본질에 충실하다 보면 서서히 무너지고 자신도 모르게 망가지기 쉽다.

요즘 분쟁이 일어나고 잡음소리가 들리는 교회가 있으면서 세상 사람들에게 지탄을 받고 쓴소리를 많이 듣고 있다. 우리 예수 믿는 사람들을 얼마나 부끄럽게 하는지 모른다. 어두운 세상을 밝혀야 할 교회가 빛을 발하지 못하고 있다는 증거다. 소금이 맛을 잃었다는 것이다.

예수님께서는 "소금이 맛을 잃으면 아무 쓸데없어 밖에 버려져 사람에게 밟힐 뿐이니라"고 말씀하셨다. 예수님께서 말씀하신 것처럼 세상 사람들은, 녹지 않고 있는, 맛을 잃은 소금이 되어버린 기독교인을 발로 밟고 있다. 그들은 우리와 함께 예수님도 함께 밟고 있다.

우리를 구원하시기 위해서 십자가에 못 박히신 주님을 우리는 지금도 주님을 십자가에 못 박고 있는지도 모른다.

이렇게 오늘날 교회가 세상 사람들에게 신뢰를 잃어가고 있다. 그 원인은 본질을 잃으면서 일어나는 현상이라고 생각한다. 소금은 녹아야만 맛을 내는데 녹지 않고 있는 우리 모두에게 잘못이 있다. 그렇지만 목회자들의 책임이 더 크다고 생각한다.

나는 이 자리를 빌어서 감히 말하고 싶다. 목회자들은 사람들 앞에서 목회하지 말고 예수님 앞에서 목회를 해야 한다고 생각한다. 그리고 종신제를 폐지하고 임기제를 해야 하고 재신임도 있어야 한다고 생각한다.

우리 한국 교회가 언제부터 교회의 본질보다 비본질에 충실하고 있지는 않는지 돌아보고 함께 고민해야 한다고 생각한다. 비본질의 배후 세력이 누군지 깨닫고 본질로 돌아가야 교회가 교회 되지 않을까?

한국 교회가 지금 위기라고 다들 말하지만 모두 말만 하고 있지, 정작 본인은 변화되지 않고 강 건너 불구경하듯 관망만 하고 방관하는 듯 보인다. 예수님은 이런 한국 교회를 보시면서 얼마나 말할 수 없는 탄식으로 기도하고 계실까?

우리 교회에 세워져 있는 돌, '기도하시는 예수님 손'이 이 시대를 울리는 경종이 되기를 바란다.

그래서 영적으로 잠자고 있는 교회들이 화들짝 놀라 잠에서 깨어서 회개하며 기도하시는 예수님의 손을 잡고 함께 기도하면서 첫사랑을 회복하는 한국 교회가 되기를 소망한다.

"또한 너희가 이 시기를 알거니와 자다가 깰 때가 벌써 되었으니 이는 이제 우리의 구원이 처음 믿을 때보다 가까웠음이라 밤이 깊고 낮이 가까웠으니 그러므로 우리가 어둠의 일을 벗고 빛의 갑옷을 입자"(롬 13:11-12).

교회에 세워져 있는 돌, '기도하시는 예수님의 손'을 보면서 나는 기도한다.

"주님! 기도하시는 주님의 저 손이 5만여 개의 한국 교회를 다시 일으켜 세우는 주님의 손이 되게 해주옵소서.

주님! 주님의 저 손으로 잠자는 영혼들을 흔들어 깨우시고 저희들을 바로 세워 주옵소서.

주님! 기도하시는 주님의 손을 볼 때 우리 영안이 열려서 지금도 기도하고 계시는 주님을 볼 수 있게 하옵소서.

주님! 기도하시는 주님의 저 손이 우리 마음에 기도하고자 하는 마음을 주셔서 기도의 불을 붙이는 불씨가 되게 해주세요."

이전에는 기도하는 동산과 산골짝마다 기도하는 소리가 메아리쳤던 이 땅이었다. 금요일 밤은 심야기도회가 아닌 철야기도회로 교회마다 새벽까지 기도소리가 들리기도 했다.

'기도하시는 예수님의 손'이 우리를 하나로 묶어서 기도하게 하시고 이전처럼 다시 기도하는 한국 교회가 되었으면 하는 마음이 간절해진다.

1907년 평양 장대현교회에서 성령께서 역사하셔서 이 땅에 성령의 바람이 불었다. 그리하여 많은 교회들이 세워지고 성령에 사로잡혀서 핍박과 죽음 앞에서도 신앙을 지키기 위해서 많은 주의 종들이 순교자의 길을 걸어갔다.

20세기에 북한에서 시작된 성령의 바람이 남한까지 내려와서 한국 교회를 든든히 세우신 하나님.

21세기에 다시 한 번 우리 신금호교회에서부터 성령의 바람이 불어서 북한 땅까지 퍼져가고, 한국 교회가 또 한 번 일어서서 빛을 발하고 주님의 영광이 이 땅에 임하도록 우리 성도들과 함께 기도하기를 바란다.

약한 자와 미련한 자를 택하여 강한 자와 지혜 있는 자를 부끄럽게 하시는 주님은 약한 두 교회를 하나 되게 하시고, 새 이름인 신금호교회를 주셨다. 하나님은 우리 신금호교회를 통해서 역사하실 줄 믿는다.

지난날 신암교회에 일어났던 일들을 생각해 보면 영적인 존재인 사탄도 이것을 알고 있었기에 교회에 분쟁을 일으키고 어지럽게 해서 교회를 무너뜨리려고 했던 것 같다. 그러나 사탄이 계획하고 역사하는 것을 하나님께서 선하게 사용하셔서 그 속에서 우리를 단련시켰다. 하나님께서는 사용하시기 전에 먼저 연단 가운데서 훈련시키시고 많이 다듬어서 쓰시기 때문이다.

교회에 분쟁이 일어나면서 시끄러워지기 시작할 때 처음에는 많은 사람이 함께 교회에 나와서 기도했다. 밤마다 강대상 앞에 수십 명이 모여서 부르짖으면서 기도했다. 그러나 시간이 길어지면서 기도하는 사람이 점점 줄기 시작했다.

급기야 교회에 전기와 수도까지 끊어지고 추위와 더위 속에서 많은 아픔과 힘겨움이 있었지만 몇몇 성도들은 기도의 끈을 놓지 않고 밤마다 새벽마다 교회에 나와서 교회를 위해서 기도하기를 쉬지 않았다.

밤이면 불이 없어 교회 안은 칠흑같이 어두워서 앞이 보이지 않아 더듬거리면서 자리를 찾고 앉아서 교회를 위해 눈물로 기도했다. 때로는 촛불을 켜 놓고 기도하여 지금도 본당 의자 군데군데 촛물이 떨어져 굳어 있는 것을 보면 그때를 기억하기도 한다.

전기가 들어오지 않아 교회 안은 불이 꺼져 있었지만 기도의 불은 5년 동안 꺼지지 않고 있었다. 이렇게 5년의 짧지 않은 시간 속에서 우리를 단련시키신 것은 우리 신금호교회를 쓰시기 위한 하나님의 뜻이 아닐까?

나는 어느 날 금요일 심야기도회 시간에 공훈 목사님의 기도소리를 기억한다.

"하나님, 우리 교회가 간증이 있는 교회가 되게 해주소서!"

주님께서 일찍이 우리 교회를 간증이 있는 교회로 만들기 위해서 일하시고 세우시고는 지금도 말씀하고 계시지는 않는지….

> "여호와께서 이르시되 보라 이번에 그들에게 내 손과 내 능력을 알려서 그들로 내 이름이 여호와인 줄 알게 하리라" (렘 16:21).

비 온 뒤에 땅이 굳고 폭풍이 지난 후에 태양이 더 빛나듯이 말씀이 왕 되는 교회, 예수님만 드러나는 교회, 세상 사람들도 인정하는, 사람들이 '여호와 삼마'라고 부르는 교회가 되기를 소망한다.

8
십자가의 사랑

 주일날 청년부에서 활동하는 경민이에게서 간증문을 하나 써 달라는 부탁을 받았다. 청년부에서 발간하는 책 〈구르는 돌〉에 올린다고 했다. 어떤 간증을 할까 생각하다가 준성이와 보성이가 사고 날 때의 일이 생각났다.

 우리 아들 준성이가 여섯 살 때였다. 1987년 9월 마지막 주일인 것으로 기억된다. 그날 학생 예배를 마치고 우리 반 아이들을 데리고 떡볶이 집에 갔다. 아이들과 함께 떡볶이를 먹고 아이들은 집으로 가고 나는 교사 월례회가 있어서 다시 교회로 돌아왔다.

  총무 선생님이 나를 보고 어느 집사님을 만나지 않았느냐고 물었다. 만나지 않았다고 했더니 총무 선생님은 머뭇머뭇하면서 차마 말을 못하고 전도사님을 바라보았다. 전도사님이 애써 태연한 모습으로 준성이가 조금 다쳐서 복음병원에 있다고 했다. 직감적으로 교통사고인 줄 알았다.

  내가 우리 반 아이들을 데리고 떡볶이 집에서 떡볶이를 먹고 있는 시간에 준성이가 우리 교회 앞에서 교통사고가 났고, 나를 찾느라고 교회 안은 한바탕 소동이 났던 모양이었다.

  이야기를 듣고 있는데 누군가가 옆에서 "집사님, 어떡해요" 하는데 그때도 누구인지 모르지만 지금도 모른다. 눈앞이 캄캄했기 때문이다.

  정신없이 교회 계단을 뛰어 내려가면서 속으로 '주님, 큰 사고가 아니기를 바랍니다' 하고 기도했다.

  어디를 얼마나 다쳤는지 궁금해서 마음 같아서는 날아가고 싶었지만 아무리 달려가도 제자리걸음만 하고 있는 것 같아서 답답했다.

농협 앞을 지나서 달려가는데 갑자기 마음속에서 '별거 아니다. 아무렇지 않다'라는 생각이 들면서 신기하게도 불안하고 답답하고 두근거리는 가슴이 차분하게 가라앉고 마음이 평안해졌다. 마치 풍선에 바람이 가득 차서 손끝만 닿아도 터질 것 같다가 바람이 빠져나간 것처럼…

온갖 불길한 생각과 불안한 마음으로 가득 차서 두근거리고 터질 것 같았던 내 마음을 주님이 만지시고 "별거 아니다. 아무렇지 않다"라고 내 마음에 감동을 주셨다.

내 마음에 가득 찬 불길한 생각들이 바람 빠져나간 풍선처럼 사라지고 마음이 차분해지면서 평안해졌다. 그때 그 평안을 나는 잊을 수가 없고 그때 체험했던 평안을 지금까지 나는 한 번도 경험해보지 못했다.

그때부터 뛰어가지 않고 걸어서 병원에 갔다. 준성이는 잠이 들어 있었고 교회 집사님 몇 분과 가해자 아저씨가 나를 기다리고 있었다.

준성이는 머리를 다쳤다. 머리 양쪽에 상처가 나고 부어 있었고 턱에도 작은 상처가 나 있었다. 머리 한쪽은 차에 부딪치면서 생긴 상처였고 다른 한쪽은 공중에 떴다가 땅에 떨어지면서 생긴 상처였다.

옆에 계신 권사님의 말에 의하면 권사님은 그때 교회 본당에서 성경공부를 하고 있었다고 했다. 그때는 성경공부를 많이 했다. 여러 사람이 시간대별로 모여서 성경공부(벧엘성서 제자훈련 크로스웨이)를 했는데 성경공부를 하다가 자동차 급브레이크 밟는 소리에 놀라서 창문으로 내려다보니 아이가 공중으로 붕 뜨는 것을 보았다고 했다.

머리를 다쳤기에 주위에서 이런저런 말이 많았다. 같은 입원실에 있는 환자 한 분도 사고 당시 머리를 다쳤는데, 병원에서는 아무 이상이 없다는데도 본인은 몇 년을 고통에 시달리고 있다면서 사람이 조금 이상하게 보였다.
간호사들은 연신 드나들면서 구토를 하지 않았는지 묻기도 하며 구토를 하면 바로 연락을 달라고 부탁하기도 했다.

후유증이 겁난다, 컴퓨터 촬영을 해도 안 나타날 수도 있다는 등등 말들이 많았지만 그래도 내 마음은 동요되지 않고 평안하기만 했다.

잠자는 아이를 보니 놀라지도 않고 평안히 잘 자고 있었다. 뇌파 검사, 컴퓨터 검사 등 모든 검사를 다 해도 이상이 없어서 이틀 후에 퇴원을 하였다. 가해자 아저씨는 사고 당시에 아무 말이 없더니 아이가 퇴원을 하니 말했다.
"나는 아이가 죽는 줄 알았어요. 그런데 하나님이 이 아이를 살리셨군요."
가해자 아저씨는 불교인이었고 사고를 낸 승용차 안에는 스님이 함께 타고 있었다.

퇴원을 하고 며칠 후 가해자 아저씨가 우리 집으로 찾아왔다. 그제야 알고 보니 아저씨는 동대문 평화시장에서 옷 가게를 하고 계시는 분이었다.
가게에서 파는 옷을 만들려고 금호동에 제품공장을 얻어 놓고 장소가 좋은지 스님을 모시고 공장을 보러 가던 중에 사고가 났다고 말했다. 그러면서 얻어놓은 공장에는 오지 않기로 했다고 말했다.
내가 물어 보지도 않은 이야기를 아저씨는 하시면서 기분이 좋아보였다. 아마 얻어놓은 공장에서 일하면 좋지 않은 일이 일어날 것을 부처님이 알고 가지 못하게 막으셨다고 생각하고 이번 사고가 미리 액땜을 했다고 생각하는 것 같았다. 내 생각인데 어쩌면 그날 승용차 안에 타고 있던 스님이 그렇게 말하지 않았겠나 싶다.

그 아저씨는 연이어 말하기를 "생각해 보니까 합의도 잘 봐주고 너무 고맙고 해서 이렇게 찾아왔어요"라고 하면서 돼지고기 몇 근하고 준성이 옷(청바지, 청자켓, 청모자)을 사가지고 오셔서 준성이가 너무 예쁘다고 말씀하시고 가셨다.

그리고 5년 후 1992년 11월 1일 보성이가 초등학교 6학년 때였다. 그날도 주일이었다. 중고등부 학생예배가 끝나고 광고 시간이었는데 사찰 집사님이 나를 불렀다. 전화가 왔다면서 전화를 받으랬다. 건국대 민중병원에서 온 전화였다. 보성이가 다쳐서 거기 민중병원에 있다고 했다.

보성이와 준성이는 그때 동네 조그만 교회에서 하고 있는 다락방 공부방에서 공부를 하고 있었다. 동네 애들 몇 명이 학교 갔다 와서 함께 모여서 공부하며 그 교회 선생님이 돌봐 주곤 했다.

그날도 보성이는 준성이와 함께 오전에는 우리 교회 아동

부에서 예배를 드리고 오후에는 다락방에서 공부를 가르치는 선생님, 거기서 공부하는 애들과 함께 어린이 대공원에 놀러갔다가 사고를 당한 것이다. 그리고 가까운 민중병원에 입원을 시키고 교회로 전화가 왔던 것이다.

그날 학생부에서는 반별 모임이 있는 날이었다. 모임을 조금 일찍 끝내고 전도사님과 부장 집사님과 함께 병원에 갔다. 보성이는 발목 골절상이었고 이미 뼈를 맞추고 임시 깁스를 하고는 잠이 들어 있었다.
나는 옛날에 뼈를 맞추는 고통을 옆에서 본 적이 있어서 그 고통을 알고 있다. 잠들어 있는 보성이를 어루만지며 엄마 없이 혼자 얼마나 아프고 놀랐을까 생각하니 가슴이 찡하고 눈물이 났다.

발목 골절이 된 곳은 성장 부위 뼈였다. 의사 선생님 말씀이 한창 자라나는 나이인데 성장 부위 뼈가 다쳤기에 뼈가 너무 잘 자랄 수도 있고 그렇지 않으면 잘 안 자랄 수도 있다고 했다. 의사 선생님의 말씀을 들으면서 순간 보성이가 절뚝거리며 걷는 모습이 내 머리를 스쳐갔다. 그리고 선생님은 뼈가 잘 맞추어졌는지 내일 다시 사진을 찍어 봐야 한다고 했다.

나는 병원 복도에 나가서 창문을 열고 밤하늘을 쳐다보면서 하나님께 기도했다. 그리고 그날 밤 나는 잊지 못할 밤을 보냈다. 보성이를 돌보기 위해서 보성이 아빠가 병원에 있고 나는 준성이가 혼자 있는 집으로 돌아왔다. 잠자리에 들었는데 자꾸만 보성이가 뼈를 맞출 때 고통 받는 모습이 생각났다. 뼈를 맞출 때 내가 곁에 없어서 보지도 않았는데도 고통 받는 모습을 상상하면서 잠을 이룰 수가 없었다.

'뼈는 잘 맞추어졌는지…잘 안 맞추어졌으면 또 그 고통을 당해야 하는데 어떻게 하나…성장 부위 뼈를 다쳐서 어떻게 하나…' 이런저런 생각을 하면서 한숨도 자지 못했다.

생각할 때마다 얼마나 마음이 아픈지 눈물을 흘리며 밤을 새우고 있는데 새벽 5시경이었다.

갑자기 망치로 머리를 맞는 것처럼 "땅" 하는 소리가 크게 들리고 그 소리에 나는 소스라치게 놀라면서 정신을 차렸다.

망치소리가 날 때, 꽹과리를 칠 때 나는 쇳소리도 같이 울렸다. 그 쇳소리로 인하여 내 머릿속은 울리고 십자가에서 예수님이 못 박히는 생각이 났다.

십자가에 못 박히는 예수님을 생각하면서 나는 깜짝 놀라고 "땅, 땅" 하고 점점 크게 들려지는 것 같은 망치 소리에 귀를 막고 싶었다.

하나님께서는 하나밖에 없는 아들을 아무 죄도 없으신 예수님을 나를 위하여 십자가에 못 박히게 하셨다. 예수님은 여섯 시간을 십자가에서 고통을 당하시고 피와 물을 다 쏟으셨다. 성경에 예수님의 못 박힌 시간인 6시부터 9시까지는 온 땅에 어두움이 임하였다고 했다.

"제육시로부터 온 땅에 어둠이 임하여 제구시까지 계속되더니"(마 27:45).

6시부터 9시는 우리 시간으로 낮 12시부터 오후 3시를 말한다. 예수님께서 두 손과 발에 못이 박히고 십자가에 달려 있을 때 정오부터 오후 3시까지 한낮인데도 온 땅에 어둠이 임하여 깜깜했다고 했다.

나는 그때 어떤 책에서 읽었던 구절이 생각났다. 그 책 저자는 그 시간에 온 땅에 어두움이 임한 것은 예수님이 십자가에 못 박혀서 고통 받으시는 모습을 하나님께서는 차마 보지 못하시고 하나님이 고개를 돌리셨기 때문에 온 땅에 어두움이 임하였다고 했다.

자기 잘못으로 사고가 나고 뼈를 맞추는 시간도 잠깐인데 그 일로 인해 마음 아파하며 눈물짓고 잠을 이루지 못한 내 모습이 부끄러웠다. 무엇보다도 하나님 앞에서 나 자신이….

주님께서 그토록 미워하셨던 외식하는 자처럼 보였고 그런 나 자신이 미워서 나는 나 자신에게 소리치고 싶었다. "이건 아니야! 정말 말도 되지 않아" 하고 말이다.

솔직히 말해서 나는 그때까지 십자가를 보고 감사하는 마음도 가져 보지 못하고 하나님의 사랑도 느껴보지 못했다.

그런데 그날 밤에는 십자가의 사랑을 피부로 느낄 수 있었고 하나님의 그 크신 사랑에 뜨거운 눈물을 흘리며 감격할 수 있었다.

나는 잊지 않으리라! 주님의 그 사랑에 감격하여 뜨거운 눈물 흘렸던 그 밤을···.

그때 나는 십자가 밑에서 기도하는 사람의 환상을 보고 있을 때였다. 십자가 밑에서 늘 저런 모습으로 기도하라고 주님께서 보여 주시는 줄 알고 밤이면 교회 강대상 밑에서 혼자 기도하고 있었다.

보성이와 준성이가 그런 사고를 당하였지만 아무 이상 없이 잘 자랐다. 건강하게 잘 자라고 있는 모습을 볼 때는 감사하고 그때 일을 자주 생각했었는데 지금은 많이 잊고 살고 있는 것 같다.

우리 식구가 그때 일을 잊지 않고 하나님께서 하신 일들을 기억하고 늘 처음처럼 하나님을 잘 섬기기를 바라면서···.

하나님, 감사합니다.

9
잃어버린 도끼

　신암교회 건축을 하고 있을 때였다. 건축하고 있는 동안 임시 예배처소에서 예배를 드리고 있었고 매일 성전 건축을 위해서 기도하는 시간을 갖고 있었다. '정오기도회'라고 낮 12시에 모여서 매일 기도회를 하였다. 처음에는 구역별로 나와서 했는데 뒤에는 구역을 초월해서 시간이 되는 사람들은 다 나와서 함께 기도했다.

　구역장들이 돌아가면서 기도회를 인도하였다. 말씀을 읽고 찬송을 부르고 기도를 인도했는데 그날은 내가 인도하는 날이었다. 강대상 앞에서 찬송을 하는데 왜 그렇게 눈물이 나오는지! 참을 수가 없어서 눈물을 흘리며 인도하였다. 그 자리에 있던 성도들이 다 내 눈물을 보았다. 성도들이 내 눈물을 보고 왜 저렇게 눈물을 흘리는지 궁금했을 것 같다.

그래서 그런지 며칠 후 전도사님이 혼자 우리 집에 심방을 오셔서 예배를 드렸는데 그때 주신 말씀이 열왕기하 6장 1-7절 말씀이었다.

"선지자의 제자들이 엘리사에게 이르되 보소서 우리가 당신과 함께 거주하는 이곳이 우리에게는 좁으니 우리가 요단으로 가서 거기서 각각 한 재목을 가져다가 그곳에 우리가 거주할 처소를 세우사이다 하니 엘리사가 이르되 가라 하는지라 그 하나가 이르되 청하건대 당신도 종들과 함께 하소서 하니 엘리사가 이르되 내가 가리라 하고 드디어 그들과 함께 가니라 무리가 요단에 이르러 나무를 베더니 한 사람이 나무를 벨 때에 쇠도끼가 물에 떨어진지라 이에 외쳐 이르되 아아, 내 주여 이는 빌려온 것이니이다 하니 하나님의 사람이 이르되 어디 빠졌느냐 하매 그곳을 보이는

지라 엘리사가 나뭇가지를 베어 물에 던져 쇠도끼를 떠오르게 하고 이르되 너는 그것을 집으라 하니 그 사람이 손을 내밀어 그것을 집으니라"(왕하 6:1-7).

전도사님께서 본문 말씀을 가지고 말씀을 전하시면서 쇠도끼는 능력을 말하는 것이라고 하셨다.

1년 정도 지났을까? 정말로 보성이 아빠에게서 능력이 나타났다. 어느 날 저녁 식사 준비를 하고 있는데 집에 들어온 보성이 아빠가 집에 들어오자마자 앉지도 않고 긴팔 와이셔츠를 입는 것을 보고 약속이 있어 또 나가는 줄 알았다.

내가 식사준비를 하다가 돌아보니 입었던 와이셔츠를 도로 벗고 있었다. 왜 그러냐고 물었더니 아무 말이 없었다.

며칠 뒤에 와이셔츠를 입은 이유를 말하였는데 밤에 집에서 혼자 기도하다가 한쪽 팔이 조금 긴 것이 생각나서 길어진 팔 위에 손을 얹고 이렇게 기도했다고 했다.

"예수님 이름으로 명령하노니 길어진 팔은 짧아질지어다."

그리고 나서 오늘 밖에서 어젯밤에 기도한 것이 생각나서 팔을 보니 두 팔의 길이가 같아진 것 같아서 확인해 보려고 와이셔츠를 입었다고 했다.

긴팔 와이셔츠를 입어보면 팔 기장의 길이가 확실하게 나타나기 때문에 와이셔츠를 입어 보았더니 팔의 길이가 똑같아졌다고 말했다.

나는 이야기를 들으면서 황당했다. 그때까지 나는 보성이 아빠의 한쪽 팔이 긴 것을 모르고 있었기 때문이었다.

보성이 아빠가 대학교 다닐 때 학교에서 운동을 하다가 어깨 팔이 빠진 적이 있었다고 했다. 병원에 가지 않고 팔을 제자리에 잘 맞추어 넣었다고 했다. 병원에 가서 사진을 찍어보고 검진을 받아야 했었는데 그때만 해도 옛날이라 그러지 않았고 또 생활하는 데 지장이 없었기 때문에 병원에 가지 않았다고 했다.

훗날 양복을 맞추기 위해 양복점에서 팔 기장을 재어보니 왼쪽 팔의 길이가 약 2cm 길어진 것을 발견했다고 한다.

그 후로 몇십 년 동안 양복은 팔 길이 때문에 맞추어 입든지 아니면 왼쪽 양복의 소매가 짧은 채로 입고 살아야 했다. 옛날에는 양복을 양복점에서 많이 맞추어 입었다. 기성복이 잘나오면서부터 맞추어 입지 않고 사서 입었는데 나는 그런 줄 알았지 한쪽 팔이 짧은 줄은 꿈에도 몰랐다. 그런데 그

팔의 길이가 똑같아졌다는 것이다.

그리고 그때 보성이 아빠는 기도하면서 환상을 보기도 하고 하나님의 음성을 듣기도 했다.

하루는 하나님께서 환상으로 작은 아이 같은 사람을 보이면서 "너를 시중드는 천사다"라고 말씀했다고 했다.

나는 이야기를 들으면서 솔직하게 말해서 그 말이 믿어지지가 않았다. 나는 속으로 웃으면서 '입장이 완전히 바뀌었군' 하고 생각했다. 왜냐하면 보성이 아빠의 신앙은 체험적 은혜보다는 신학적이어서 이성적이고 논리적이다. 그래서 그런지 내가 체험한 것을 이야기하면 잘 안 믿고 웃었다.

그래서 나는 체험해도 말하지 않았다. 여기 간증글 중에서 대부분은 보성이 아빠가 모르는 것이다. 그런데 본인이 체험을 하면서 그때는 많이 달라셨다. 그러나 시간이 많이 지나고 나니 다시 이성적이고 논리적이게 되었다.

그때 나에게도 이상한 일이 일어났다. 발바닥이 이유 없이 붓고 빨갛게 되면서 매운 청양고추를 칼로 썰고 만지고 나면 손이 활활거리는 것처럼 발바닥이 화끈거리고 아파서 걷기도 힘들었다. 나는 보성이 아빠에게 아픈 발바닥을 보이면서 기도를 부탁하고 또 기도를 받기도 했다.

며칠 동안 그렇게 아프다가 괜찮아졌는데…어느 날 저녁에 보성이 아빠가 집에 들어오면서 발바닥이 어떠냐고 물었다.

나는 괜찮다고 했다. 그러자 밖에서 기도하는데 하나님께서 "나았다"라고 말씀하셨다고 했다. 놀랍고 신기한 일들이 연일 일어났다.

복음서에서 예수님의 제자들이 하던 것처럼 예수님의 이름으로 명령하여 길어진 팔이 짧아지기도 하고 아픈 곳이 낫기도 하는 기적 같은 일이 일어났다.

기적 같은 일들이 일어났지만 누구에게도 말하지 않고 둘만 알고 하나님이 어떻게 인도하시는지 기대하면서 기도했다.

지금 생각하면 남의 것을 훔친 것처럼 쉬쉬하며 지낸 것 같다. 정말 알 수 없는 것은 영적인 세계이고 마귀는 우는 사자같이 두루 다니며 삼킬 자를 찾는다고 말씀하셨는데 어떻게 하다 보니 능력을 잃어버렸다.

일 년 전에 전도사님이 우리 집에 오셔서 주신 말씀 열왕기하 6장 1-7절에 기록된 말씀처럼 쇠도끼가 물에 떨어진 것처럼 되어버렸다. 선지자의 생도가 나무를 베다가 도끼를 물에 빠뜨리고 나무를 베지 못한 것처럼, 주신 능력을 옳게 사용해 보지도 못하고 잃어버렸다.

주님께서 일 년 전에 전도사님을 우리 집에 보내셔서 말씀하시고 신실하신 주님께서는 말씀하신 대로 능력을 주셨다. 그런데 준비가 되지 않아서 능력을 감당하지 못했다고 생각한다.

그러나 주님께서 주신 말씀에는 잃어버린 도끼를 다시 찾아서 주시는 것을 알 수 있다. 잃어버린 도끼를 찾기 위해서는 먼저 도끼를 잃은 사람이 어디서 왜 잃어버렸는지를 분명히 주님께 말씀드려야 된다고 생각한다.

"하나님의 사람이 이르되 어디 빠졌느냐 하매 그곳을 보이는지라 엘리사가 나뭇가지를 베어 물에 던져 쇠도끼를 떠오르게 하고 이르되 너는 그것을 집으라 하니 그 사람이 손을 내밀어 그것을 집으니라"(왕하 6:6-7).

주님께서는 오늘도 "어디 빠졌느냐?"라고 묻고 계시지는 않는지… 말씀처럼 도끼가 빠진 곳을 보여 드리면 주님은 물에 빠진 쇠도끼를 떠오르게 하고 "너는 그것을 집으라"고 말씀하실 텐데….

주님! 주님의 음성에 민감하게 하시고 깨닫도록 회개의 영을 부어 주옵소서!

10

100일 작정기도

　밤이 되면 교회에서 기도하는 생활을 하고 있었지만 처음으로 '작정기도'라는 것을 해보았다. 밤 12시부터 새벽 1시 사이에 교회에서 기도하고 싶은 마음에 100일을 작정했다.
　지금 생각하면 어떻게 했나 싶은 생각이 든다. 무식하면 용감하다는 말이 있듯이 아무것도 모르고 한밤중에 시간을 정하고 100일을 작정한 것이다.

　쉽지 않은 일이었다. 너무 힘들어 중간에 포기도 하고 싶었다. 그러나 포기할 수 없었던 이유 중 하나는 여기까지 해온 것이 아까운 마음도 들었지만 어렵고 힘든 만큼 고개를 넘어 보고 싶은 마음도 있었다.

  6월 말에 시작해서 10월 초에 작정기도가 끝이 났는데 그 기간에는 장마철이 있어서 비가 많이도 왔었다. 그해에는 밤에 비가 많이 오고 낮에는 거의 비가 오지 않은 것으로 기억된다.

  어느 날 밤은 12시가 다 되어 가는데도 비는 멈추지 않고 바람과 함께 세차게 내리며 천둥은 요란스럽게 큰 소리로 울고 하늘은 두 쪽이 나는 것처럼 소리를 내면서 번개가 치면 나는 시계를 보며 조바심을 내기도 했다. 시계가 12시가 넘어가면 망설이다가 어쩔 수 없이 나와서 쏟아지는 빗속을 걸어서 교회 앞에 오면 낯선 풍경을 보기도 했다. 교회 앞 차도가 냇가가 되어서 시냇물이 흐르고 있었다. 비가 얼마나 많이 오는지 도로에 빗물이 위쪽에서부터 시냇물처럼 흘러 내려오고 있었다.

  비바람이 몰아치는 한밤중에 우산을 받쳐 들고 나는 횡단보도 앞에 서 있었다. 사람 하나 보이지 않는 낯선 풍경 속에서 시냇물처럼 흘러내리는 차도를 보면서 주위를 둘러보기도

했다. 마치 내가 지금 딴 곳에 와 있는 것 같았다. 횡단보도를 건너면서도 시냇물을 건너는 기분이었다.

우산을 쓰고 왔는데도 교회에 오면 옷은 거의 반은 젖어 있었고 강대상 십자가 뒤에 희미한 불 하나만 켜놓고 혼자 앉아서 기도하면 사탄이 방해를 많이 했다. 여기저기서 소리들이 많이 났고, 어떤 때에는 내 옆에 누가 앉는 것처럼 소리가 나고 느낌이 들 때도 있었다. 그래도 나는 그 모든 소리를 무시하고 기도를 했다. 중간에 기도를 중단해 본 적이 없고 눈도 떠 보지 않았다.

주님께서 얼마나 붙들어 주시는지 주님께서 나와 함께하심을 피부로 느꼈고 주님께서 지켜 주신다는 믿음을 주셨다. 나는 약하지만 주님이 함께하실 때 나는 강해질 수 있었다.

지금은 하늘나라에 가서 기도하고 있을 권사님…언제나 같이 중보 기도했던 언니 같은 친구 권사님이 있었다.
언젠가 그 친구 권사님이 말하기를 기도하는 시간에 내 기도를 하려고 나를 생각하고 있는데 예수님이 나를 안고 있는 환상을 보았다고 했다. 그렇게 사탄이 방해를 많이 해도 내가 무시할 수 있었던 것은 그때도 주님이 나를 안고 있었기 때문이라고 믿는다.

사도 요한은 마지막 만찬 자리에서 예수님의 가슴에 기대어서 말한 제자다. 예수님께서 십자가를 지시기 전날에 주님은 제자들과 마지막 만찬식을 가졌다. 그 자리에서 주님은 제자들 중에 한 사람이 나를 팔 것이라고 말했다. 그 소리를 듣고 제자들은 깜짝 놀랐다. 그때 베드로는 요한을 보고 머릿짓으로 그 사람이 누구인지 주님께 물어보라고 했다.

'최후의 만찬' 그림에도 보면 그 소리를 듣고 제자들이 놀라 우왕좌왕하는 모습이 그려져 있다. 그런 돌발 상황 속에서도 요한은 예수님의 가슴에 그대로 기대어 있었다.

> "예수의 제자 중 하나 곧 그가 사랑하시는 자가 예수의 품에 의지하여 누웠는지라 시몬 베드로가 머릿짓을 하여 말하되 말씀하신 자가 누구인지 말하라 하니 그가 예수의 가슴에 그대로 의지하여 말하되 주여 누구니이까"(요 13:23-25).

어쩌면 요한은 예수님의 사랑을 독차지하고 싶은 그런 욕심이 있었는지도 모른다. 그래서 그런지 요한은 자신을 말할 때는 자기 이름만을 말하지 않고 늘 "예수께서 사랑하시는 제자"라고 말했다. 자기는 예수님의 특별한 사랑을 받은 자라고 자랑하는 것처럼 말이다.

나도 자랑처럼 말할 수 있다.
"지금도 나를 안고 계시는 주님!"
주님께 사랑받고 있는 나를 생각하면 나는 행복한 사람이다. 100일 기도를 하면서 신앙이 뭔지도 모르고 기도도 잘 몰라서 어떻게 했는지 모르겠지만 한 가지 지금도 잊지 않고 있는 것은 그때에 주님께 약속한 것이 있었다.
"주님! 제가 멀리 이사 가지 않으면 신암교회를 떠나지 않겠습니다."
그때에도 주일학교 아이들을 맡고 있었는데 "주님! 제가 주일학교 교사를 언제까지나 하겠습니다"라고 약속했다.
지금까지 신암교회를 다니고 있지만…그러나 언제부터는 신암교회를 떠나야 할 이유도 있었고 신암교회를 나가는 것이 불편하고 참 많이 힘들었지만 그래도 신암교회를 떠날 수가 없었던 것은 주님과의 약속 때문이었다.

작정기도 마감 100일을 며칠 남겨두고 준성이가 교통사고를 당했다. 준성이가 여섯 살 때였는데 차에 부딪치면서 위로 공중에 떴다가 땅에 떨어졌지만 기적처럼 아무 이상이 없었다. 차에 부딪치고 땅에 떨어질 때에 하나님이 가슴으로 받으셨다고 홍복순 권사님이 말씀하셨는데 나는 그때 정말 그렇게 하나님께서 가슴으로 받으신 것이 믿어졌다.

작정기도 100일을 하나님의 도우심 가운데 마치고 얼마 후 나는 영적인 비밀 하나를 알게 되었다.

11
들려오는 닭 울음소리

보성이 아빠에게 공인중개사 자격증이 있기 때문에 부동산 중개업 동업을 하자는 사람들이 가끔 있었다. 신학을 하기 전에도 좋은 조건으로 부동산을 할 기회가 있었다 좋은 기회인데도 내 마음은 불안한 마음이 앞섰다.

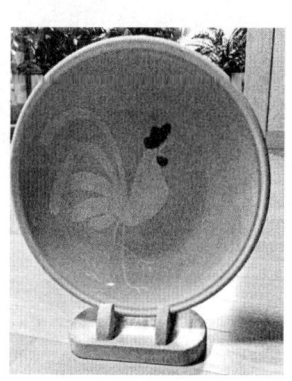

목사님을 찾아뵙고 말씀을 드렸더니 "보성이 아빠가 중개사

자격증이 있어? 그러면 부동산 하라고 해. 신학을 아무나 하나…" 하셨다. 부동산 중개업을 하라는 목사님 말씀을 들으면서도 왜 그런지 마음은 답답하였다.

여자 전도사님에게 말씀을 드렸더니 심방을 오셔서 눈물로 간절하게 기도하시면서 하나님이 원하시지 않으면 처음부터 막아달라고 기도하셨다. 하나님이 원하지 않으셨는지 며칠 뒤 사정이 있어서 못하게 되었다고 연락이 왔다.

신학을 해야 한다는 소리는 많이 들었지만 본인은 신학을 할 마음이 없었다. 사업 실패로 가진 재물을 다 없애고 밑바닥 생활을 할 때는 신학하기에는 늦었다고 생각하고 할 마음이 없었다.

인생의 막다른 골목과 음침한 골짜기를 다니면서 답답하고 숨 막히는 생활은 계속 이어지고…그때는 많이 늦었지만 순종하는 마음으로 신학을 하겠다고 기도하고 하나님께 약속도 하였다.

기도원에 가서 금식하며 작정기도를 한 후에 마음을 정하고 "내년에 신학교를 가겠습니다" 하고 주님께 서원기도를 했다.

신학교에 가기 위해서 마음의 준비도 하고 관심을 가지고 학교도 생각하고 알아보았지만 어떻게 하다 보니 신학교에 가지 못했다. 그리고 그해 3월에 사고를 당하고 병원에서는 수술을 해도 걸을 수 있을지 모르겠다고 했다. 특진을 받으면서 우리나라 정형외과에서 제일 임상 경험이 많고 유명하다는 의사 선생님에게 수술을 받고 거의 일 년 동안 운동과 치료를 받았다.

참 열심히 운동을 하였고 그때는 지팡이를 짚고 다니면서 운동으로 하루를 보냈다. 노력하고 기도하면서 정상적으로 걸을 수 있지만 지금도 한쪽 다리는 약해서 가끔 보호대를 한다.

하나님이 또 한 번 기회를 주셨다고 생각을 하면서 그때부터 신학을 해야겠다는 큰 부담감이 마음에 있었지만 이런저런 이유와 여러 가지 상황 속에서 신학을 쉽게 결정할 수가 없었다.

정상적으로 걸으면서 일 년이 지나고 또 사고를 당했다. 연달아서 사고를 당하고 몸을 다치면서 그때는 망설임 없이 신학을 결정하게 되었고 일 년 후 늦게 신학을 하게 되었고 목사 안수를 받으면서 군부대 사역을 하였다.

주일 낮 예배는 강원도 철원에 가서 말씀을 전하고 주일 저녁 예배와 수요일 밤 예배는 경기도 송추에 가서 말씀을 전하였다. 주일에는 강원도 철원과 경기도 송추를 하루 10시간씩 차를 타고 다니면서 낮 예배와 저녁 예배를 인도하였다. 어려운 가운데서도 자비량으로 감사하는 마음으로 그렇게 열심히 하였다. 가끔 얇은 지갑을 열어서 군종들에게 짜장면을 사 먹이면서 섬기는 마음으로 7년 동안 사역을 했다.

군 사역을 하면서 부동산을 하게 되었는데 하나님이 원하시지 않으셔서 간섭하는 가운데 가게가 정리되었다. 그런데 다른 곳에 가서 또 부동산을 한다고 해서 내가 참 많이 반대하였다.

그 무렵 늘 관심을 갖고 기도해 주시는 박경화 권사님께서 기도원에 가서 금식을 하자고 말씀하셨다. 나는 왠지 마음이 내키지 않았지만 그래도 그렇게 하겠다고 약속을 하고 다음 날 천마산 기도원을 갔다. 처음 가 보았는데 산 높은 곳에 있어서 택시를 타고 올라갔다.

기도원은 큰데 사람은 많이 없고 조용했다. 3일 금식을 하면서 밤에는 성전에서 잠을 잤는데(성전에서 잠을 잔 사람은 권사님과 나 둘밖에 없었다) 밤 12시가 지난 것 같았다. 밖에는 겨울을 재촉하는 비가 오고 있었다.

그때 "꼬~끼오" 하고 수탉이 큰소리로 힘차게 몇 번을 울었다. 옆에 있는 창문 밑에서 우는 것만 같았다. 기도원에서 닭을 키우나 보다 생각했다.

그런데 다음 날 밤에도 12시가 지났을 무렵에 또 어젯밤처럼 크게 몇 번을 울었다.

"꼬~끼~오~꼬꼬~."

날갯짓을 한 번 하고 바로 서서 목을 빼고 힘차게 소리 내서 우는 모습이 눈에 보이는 것처럼 그려졌다. 비는 그때도 오고 있었다. 나는 기도를 마치고 잠자리에 누워서 잠을 청해 보려고 눈을 감고 있다가 닭 울음소리를 듣고 이렇게 속으로 중얼거렸다.

'무슨 닭이 밤중에 저렇게 우나. 새벽에 저렇게 울어야 하는데…어젯밤에도 저렇게 울더니…비가 저렇게 오는데 이상한 닭이네.'

그러면서 잠이 들었다.

다음 날 새벽예배를 마치고 잠깐 잠이 들었다. 얼마나 잤을까? 또 닭 울음소리에 잠을 깼다.

"꼬~끼오~꼬꼬~."

큰 소리로 여러 번 우는 닭 울음소리를 잠결에 듣고 잠에서 깼다. 나는 눈을 살며시 떠서 창문을 보았다. 아침햇살이 들어오고 있었다. 이틀 만에 보는 햇빛이었다. 아침 해가 뜬 것을 보고 일어나면서 옆에 계신 권사님에게 말했다.

"며칠 비가 오다가 비가 그치고 햇빛이 나서 그런지 오늘 아침에는 닭이 더 많이 우네."

그러자 권사님은 "무슨 닭이 울어?" 하시면서 좀 의아해하는 표정을 지으셨다.

"조금 전에 울었잖아요! 여러 번 울었는데…그리고 어젯밤에도, 그저께 밤에도 그렇게 울던데…큰소리로 울었어요. 그래서 기도원에서 닭을 키우나 보다 생각했는데…권사님은 못 들으셨어요?"

권사님은 "몰라. 나는 못 들었다" 하셨다.

"한 번도 못 들었어요?"

"응. 한 번도 못 들었다."
"이상하네…나만 들었나?"
　밖에 나가서 닭을 한번 찾아보아야겠다고 생각했다. 곧장 밖으로 나와서 기도원을 한 바퀴 돌면서 찾아보았다. 닭도 보이지 않았지만 다른 동물도 없었다.

　기도원을 한 바퀴 돌고 곧바로 뒷산을 올라갔다. 이제 몇 시간이 지나면 금식이 끝나는 시간이다. 금식이 끝나면 집으로 돌아가는데 뭔가 아쉬운 마음이 들어서 소리라도 한번 부르짖고 싶은 마음에 뒷산을 혼자 올라갔다.
　11월이고 높은 산이어서 조금 추웠다. 얼마 동안 올라가다가 자리를 잡고 앉았다. 그리고 하늘을 바라보면서 큰소리로 주님을 몇 번 부르고 기도할 때 잘 부르는 찬양을 소리를 높여서 불렀다.
"할렐루야~ 할렐루야~ 할렐루야~ 아멘~. 아시지요~ 아시지요~ 아시지요~ 주님~."
　산에는 아무도 없고 혼자 있는 것 같아서 힘껏 소리를 내어서 불렀다. 그런데 또 닭 울음소리가 들려왔다.
"꼬~끼오~꼬꼬~."

이번에는 큰소리가 아니라 작은 소리로 저 멀리 하늘에서 아련하게 들려왔다. 저 너머 하늘 구름 속에서 들려지는 것처럼 은은하고 애절하게 들려오는 닭 울음소리는 하늘 가득히 퍼져나가는 것 같았다.

나는 닭 울음소리를 듣는 순간 부르던 찬송을 멈추고 몇 번을 우는지 세어보았다.

한 번, 두 번 손가락으로 꼽으면서 세었는데 긴장되고 가슴은 두근거렸다. 닭은 7번을 울었다.

나는 닭 울음소리를 생각하면서 이러한 의문이 생겼다.

'왜 일곱 번을 울었을까? 7은 완전수인데…'

그때 갑자기 머릿속에 말씀이 떠올랐다. 7은 완전수라고 생각하는 동시에 전광판처럼 내 머리를 비추는 말씀이 있었다.

"너는 내 앞에서 행하여 완전하라"(창 17:1).

창세기 17장 1절에 있는 말씀이었다. 이 말씀은 하나님이 아브라함에게 하신 말씀이다.

"아브람이 구십구 세 때에 여호와께서 아브람에게 나타나서 그에게 이르시되 나는 전능한 하나님이라 너는 내 앞에서 행하여 완전하라"(창 17:1).

아브라함은 믿음의 조상이다. 아브라함의 본이름은 아브람이다. 아브람이 75세 때 하나님이 찾아가셨다. 아브람은 그때까지 자식이 없었다. 그런 아브람에게 자식과 땅을 주고 "너로 큰 민족을 만들어서 땅에 사는 모든 사람이 너로 인해서 복을 받을 것이다"라고 약속하시고 그를 불러내고 그를 이끌어 가셨다. 아브라함을 인도해 가시면서 간섭하시고 보호하시면서 눈에 보이지 않는 하나님이시지만 친밀하게 다가가서 대화하셨다. 또 꿈을 잃지 않도록 하늘의 별을 보고 네 후손이 하늘의 별처럼 창대하고 번성하게 될 것이라고 말씀하셨다.

그런데 하나님은 아브람에게 쉽게 자식을 주시지 않으셨다. 10년이 지나면서 아브람은 하나님의 약속을 기다리지 못하고 인간적인 방법으로 자식을 낳았다. 자신의 아내 몸종인 하갈을 통해서 아들을 낳았다.

그때부터 하나님은 아브람에게 찾아오지 않으시고 침묵하

셨다. 그리고 13년이 지난 후 아브람이 99세 때 하나님은 침묵을 깨고 아브람을 찾아오셨다. 그때 하신 말씀이 창세기 17장 1절 말씀이었다.

13년 만에 찾아오신 하나님은 아브람에게 내년에 아들을 낳을 것이라고 말씀하시고 열국의 아버지라는 의미로 이름을 아브라함으로 바꾸어 주셨다.

나는 집으로 와서 창세기 17장 말씀을 펴놓고 말씀을 묵상했다. 13년 동안 침묵하신 하나님과 그 침묵을 깨고 찾아오신 하나님 마음을…하나님께서 주시겠다고 약속하신 아들을 그토록 기다리다가 25년 만에 아들을 얻는 아브라함의 마음을….

아브라함은 끝까지 하나님을 신뢰하지 못하고 실수를 하였지만 그래도 하나님은 아브라함의 실수를 받으시고 약속을 지키시고 아브라함을 웃게 하셨다. 하나님께서 아브라함에게 아들을 낳고 네가 웃게 될 것이라고 말씀하시고 아들을 낳으면 이름을 이삭이라고 하라고 지어 주셨다. 이삭이라는 말은 '웃음'이라는 뜻이다.

말씀을 묵상하면서 비록 연약해서 넘어지고 실수를 할지

라도 하나님의 약속을 붙잡고 있으면 지금은 어떤 고난에 있을지라도 우리로 하여금 웃게 하시는 하나님, 약속을 지키시는 신실하신 하나님이심을 확인하는 말씀이었다.

수탉에 얽힌 이야기는 몇 번 있었다. 제일 처음 이야기는 신학교에 들어가서 첫 여름방학 때였다. 신학교는 3학년으로 편입하였다. 일반대학교를 나왔기 때문에 신학대학원을 갈 수 있었지만 신앙적으로 부족한 점이 많아서 신학교에서 2년 과정을 마치고 장로회신학대학교 대학원을 갔다.

3학년 여름방학이 끝날 무렵이었다. 보성이와 준성이를 고모 집에 보내놓고 우리는 기도원에 갔다.

기도원에 가서 보니 그때 기도원에서는 전국 장년 5일 금식집회를 하고 있었다. 우리는 금식 집회를 하는지도 모르고 갔었다. 그날이 금식 2일이 지나고 3일째였는데 우리도 그날부터 금식을 하면서 예배를 드렸다.

예배를 드리고 있는데 강사 목사님이 말씀을 마치면서 옆 사람과 함께 중보기도를 하는 시간을 갖게 하셨다. 옆에 앉은 사람이 우리에게 와서 보성이 아빠에게 먼저 말을 했다.

그때 우리는 기도원에서 준 명찰을 달고 있었는데 그 사람은 보성이 아빠 가슴에 달린 명찰을 보면서 말했다.
"김 집사님은 기도 제목이 무엇이에요?"
"믿음을 더 가졌으면 좋겠습니다."
"아~ 예, 저는 전도사입니다. 저는 기도 제목이 교회 건축입니다."
예배중이라 서로 길게 말을 할 수 있는 상황이 아니었다. 간단하게 기도 제목을 말하고는 전도사님과 보성이 아빠는 같이 손을 잡고 기도를 하고 각자 자기 자리로 가서 목사님의 축도로 예배를 마쳤다.

그 전도사님은 나이가 많아 보였고 전도사님이지만 현재 교회 개척을 하고 계시면서 건축을 준비하고 계셨다. 그런데 예배를 마치고 그 전도사님이 와서 보성이 아빠를 보고 말했다.
"집사님! 다시 한 번 더 기도합시다."
그때 보성이 아빠는 자신이 신학생이라고 말하지 않았고 기도 제목도 분명하지도 않아 믿음을 더 가졌으면 좋겠다고만 했다.

전도사님이 와서 다시 한 번 기도하자고 해서 우리는 조금 당황하고 있는데 전도사님은 일방적으로 보성이 아빠를 붙잡고 기도한 후에 이렇게 말했다.

"처음에 기도할 때 집사님 앞에 수탉이 앉아 있는 것을 보았어요. 수탉이 앉아 있는 것을 보고 소명자인 줄을 알았습니다. 참 좋은 사명을 받았군요."

아마도 기도하면서 환상을 보았던 모양이다.
전도사님의 말씀을 듣고 궁금해서 우리는 물었다.
"수탉이 앉아 있었다고요? 그게 무슨 뜻이에요?"
전도사님은 도리어 우리에게 물었다.
"수탉이 하는 일이 뭐지요?"
"새벽에 꼬끼오 하고 우는 것?"
전도사님은 잠깐 우리를 쳐다보고는 조심스럽게 말했다.
"잠자는 영혼을 깨우기 위해 마지막 때 쓰시려고 하나님이 예비해두신 종입니다. 기도를 많이 해야겠군요. 기도하면 하나님께서 하실 일을 알게 하실 것입니다."

몇 마디를 남겨놓고 전도사님은 기도해야 된다고 말하면

서 기도실로 가셨고 나는 기도실로 가시는 전도사님의 뒷모습을 멍 하니 바라보면서 뭔가 아쉬움을 느꼈다. 전도사님은 그 이후로는 만나지 못했다.

그리고 몇 년이 지났다. 보성이 아빠가 신학대학원을 졸업하고 얼마 되지 않은 봄이었다. 나도 꿈을 꾸었다. 꿈에 혼자 넓은 들판 논두렁길을 걷고 있었는데 내 오른손에 하얀색 수탉이 들려 있었고 그 수탉은 죽어 있었다.

나는 닭의 두 발을 잡고 있었고 머리는 땅을 향하여 일자로 쭉 뻗어 있었고 뻣뻣하게 굳어 있어서 죽은 지 오래되어 보였다. 나는 죽은 닭을 논에 던져 버렸다. 그리고 몇 발자국을 걸어가다가 뒤를 돌아보니 논에 던져진 그 죽은 수탉이 살아서 서 있었다. 마치 하얀 백조가 서 있는 것처럼 서 있었다.

그런 꿈을 꾸고 또 몇 년이 지난 후에 이 수탉을 우리 집 안방에서 다시 볼 수 있었다. 우리 집에는 내가 시집올 때 가져온 것들이 아직 있어 지금도 쓰고 있는 것들이 있다. 그릇 중에는 하얀색 수탉이 그려져 있는 도자기 접시가 있다. 시

집 올 때 언니가 사준 것인데 접시가 예뻐서 그릇으로 사용하지 않고 장식용으로 세워 놓았다.

하얀색 수탉인데 내가 꿈에 본 닭과 똑같았다. 꿈에도 저렇게 서 있었다.

내 손에 들려 있을 때는 이미 죽은 지가 오래되어서 장작처럼 굳어서 논에 버렸는데 그 죽은 닭이 살아서 접시에 있는 모습과 똑같은 모습으로 서 있었다.

내가 꿈을 꿀 때는 저 접시는 싱크대 밑에 있었고 사용을 하지 않았다. 이상하게도 그릇으로 사용하기에는 적합하지 않아 보여서 한 번도 그릇으로 사용해 본 적이 없다.

어느 날이었다. 싱크대 밑에 있는 그릇들을 정리하는 날이었다. 그릇들을 정리하면서 이 접시를 보고 장식용으로 사용해야겠다고 생각하고 방에 세워 놓았다. 그때 난 꿈 생각은 하지도 않았고 오래전 일이라 잊어버리고 있었다.

어느 날 방에서 아무 생각 없이 무심코 세워 놓은 접시를 보고 있는데 접시에 그려져 있는 닭이 어디서 본 것 같은 생각이 들었다.

'어디서 저 닭을 보았지?'

나는 곰곰이 생각하면서 문득 꿈에서 본 닭이 생각나서 놀라게 되고 마치 어젯밤에 꿈을 꾼 것처럼 생생하게 머리에 떠올랐다.

"밤이 깊고 낮이 가까웠으니 그러므로 우리가 어둠의 일을 벗고 빛의 갑옷을 입자 낮에와 같이 단정히 행하고 방탕하거나 술 취하지 말며 음란하거나 호색하지 말며 다투거나 시기하지 말고 오직 주 예수 그리스도로 옷 입고 정욕을 위하여 육신의 일을 도모하지 말라"(롬 13:12-14).

우리는 지금 말세에 살고 있다고 한다. 예수님이 육신을 입고 이 땅에 오셨을 그때부터 말세임을 알고 있다.

"이 모든 날 마지막에는 아들을 통하여 우리에게 말씀하셨으니…"(히 1:2).

밤이 깊고 낮이 가까이 다가오는 이 시대에 살고 있는 우리 모두는 잠자는 영혼을 깨우는 사명이 있다. 각자에게 주신 달란트와 은사를 가지고 세우신 자리에서 부지런히 잠자는 영혼을 깨우는 책임이 있다고 생각한다.

이 글을 쓰면서 우리 집에 도자기 접시에 있는 하얀 닭을 자세히 보았다. 언뜻 보기에는 서 있는 것 같지만 자세히 보니 입을 벌리고 한쪽 다리는 들려 있었다. "꼬~끼오" 하고 울면서 걸어가는 모습이다.

우리도 서로 잠자는 영혼을 깨우기 위해서 부지런히 "꼬~끼오" 하고 울어야 하지 않을까?

한 영혼은 천하보다 귀하다. 이 세상에 있는 모든 것을 내가 다 가져도 생명을 잃고 나면 아무 소용이 없다. 천하를 주어도 바꿀 수 없는 것이 귀한 영혼이다. 천하보다 귀한 한 영혼을 구원시키는 것이 얼마나 값지고 위대한 일인가?

잠자는 영혼을 깨우고 이 시대를 깨우는 우리 각자가 되고 우리 교회가 되기를 소망한다.

12
신발값 20만 원

그렇게 많이 반대했지만 보성이 아빠는 부동산중개업을 다시 시작했다. 그러나 오고가는 사람도 별로 없이 혼자 사무실을 지키고만 있었다.

기적이 일어났다. 일 년이 넘어가고 2년이 되어가도 한 건도 계약을 하지 못하고 결국 가게를 내어놓았다. 하지만 가게도 나가지 않았다.

예수님의 제자 베드로는 어부였다. 하루는 고기를 잡기 위해 밤새도록 수고를 하였지만 한 마리도 잡지 못했다. 그러던 베드로에게 주님은 깊은 물에 가서 그물을 내려 고기를 잡으라고 하셨다. 깊은 물에는 고기가 많이 없다고 알려졌다. 그런데도 베드로는 어부였던 자신의 경험과 실력을 접고 주님의 말씀에 순종했다.

"주님의 말씀에 순종하여 그물을 던지겠습니다"라고 말하고 그물을 던졌을 때 그물이 찢어지도록 많은 고기가 잡혔다.

"시몬이 대답하여 이르되 선생님 우리들이 밤이 새도록 수고하였으되 잡은 것이 없지마는 말씀에 의지하여 내가 그물을 내리리이다 하고 그렇게 하니 고기를 잡은 것이 심히 많아 그물이 찢어지는지라"(눅 5:5-6).

그때 베드로는 이 놀라운 기적 앞에서 주님 앞에 무릎을 꿇고 자신이 죄인임을 고백하고 모든 것을 버리고 주님을 따른다. 나는 부동산 사무실을 열고 2년이 되어가도록 한 건도 계약이 안 되는 것을 보면서 베드로가 밤새도록 그물을 던지지만 한 마리도 잡지 못하는 광경이 머리에 떠올랐다.

가게 임대료와 경비는 고스란히 적자였다. 나도 일을 나가지 않고 그냥 버티기 식으로 집에 있었다. 보성이 아빠의 마이너스 통장에는 액수가 늘어나고 내 통장에는 잔액이 몇만 원 있었다. 집에는 10만 원짜리 수표가 2장 있었고 그 20만 원으로 언제까지 생활을 해야 하는 형편이었다.

그런데 하루는 꿈을 꾸었다. 꿈에 혼자서 기찻길을 걸어가고 있었는데 내가 건축헌금을 다 했다고 했다. 나는 교회에서 건축헌금 작정 시간에 작정헌금을 하지 않았다. '그때그때 형편에 따라서 건축헌금을 해야지'라고 생각하고 있었기 때문이다. 그런데 꿈에 내가 건축헌금을 다 했다고 말했다.

어쨌든 기분은 좋았다.

"내가 언제 건축 헌금을 다 했지?"

꿈에서도 나는 나 스스로에게 그렇게 물었다.

꿈속에서도 정말 마음이 가벼워지고 기분이 좋았다. 가벼운 마음으로 좋아하고 있는데 그때 음성이 들렸다.

"신발 사오너라."

조용하고 나지막한 목소리다. 그리고 순간 내 마음속에

20만 원이 떠올랐다.

나는 하나님의 은혜로 하나님 음성을 여러 번 들었는데 언제나 똑같은 남자 목소리였다. 그리고 참 조용하고 나지막한 목소리였다. 그날 밤 꿈에도 똑같은 목소리였다. 조용하고 나지막한 목소리….

"신발 사오너라."

음성을 들으면서 나는 잠에서 깨었고 내 귓전에 들려오는 음성은 옆에서 말하는 것처럼 들렸다. 나는 꿈속에서 신발값이 꽤 비싸다고 생각했다.

그리고 며칠 후 기도만 이렇게 하고 있구나…생각하면서 문득 감사헌금도 해야겠다는 생각이 들었다.

'얼마를 해야 할까? 오만 원? 십만 원?'

그러다 문득 꿈에서 들은 신발값이 생각났다.

'혹시 주님이 20만 원을 하라는 것이 아닌가? 그 20만 원은 언제까지 생활해야 하는 생활비 전부인데…그래도…어쩌면… 20만 원을 해야 하나?'

나는 잠시 이런저런 생각을 하다가 고개를 저었다.

'아니야, 그럴 리 없어. 이건 내 생각일 거야.'

그리고 주일날 십만 원을 헌금했다. 십만 원 수표 한 장을 무명으로 감사헌금을 했다. 그런데 이상하게도 헌금을 했는데도 어쩐지 마음이 무거웠다. 꼭 절반만 한 것 같은 마음까지 들었다.

이틀 후 화요일이었다. 그날은 우리 구역 봄 대심방이었고 우리 집에서 점심식사 대접을 했다. 부구역장 집사님이 하는 일이 바빠서 제일 첫 집을 집사님 댁으로 심방을 갔다. 예배를 드리고 나오는데 집사님이 식사 대접을 하는 데 보태라고 봉투를 하나 주었다.

나는 그때 식사 대접을 했지만 돈은 생각보다 들지 않았다. 얼마 전에 삼천포에서 사는 언니가 다녀가면서 가지고 온 생선과 이것저것이 냉장실과 냉동실에 있어서 나는 별 부담 없이 식사 대접을 했다. 그래서 나는 돈도 들지 않았다며 받지 않으려고 하니까 과일이라도 사라고 자꾸 권하였다. 옆에 계신 전도사님이 대신 받아서 내가 입고 있는 옷 바바리코트 호주머니에 넣었다.

집사님과 나는 구역장과 부구역장으로 함께 몇 년을 구역을 섬겨왔다. 매년 대심방 때마다 내가 집에서 식사 대접을 하면 집사님은 늘 과일 값을 주면서 목사님을 대접하라고 봉투에 2만 원을 넣어서 내게 주곤 했다. 그날도 나는 2만원 일 거라고 생각했다.

며칠 후 집사님이 준 봉투를 열어보니 5만 원이 들어 있었다. 많은 액수여서 집사님께 전화를 했다.

"집사님! 집사님이 준 봉투 지금 열어보니 너무 많이 들었네."

"아니에요. 사람들이 말하는데 그 정도는 해야 된다고 해서…."

"아니! 누가 그런 말을 했어?"

순간 내 머리를 스쳐 가는 게 있었다. '혹시 주님이 나에게 깨닫게 하는 것은 아닐까?' 하는 생각이 머리를 스쳐갔다.

주님께서 5만 원을 보태는 것 같은 생각마저 들었다. 그 생각이 너무 강하고 확신이 있었기 때문에 더 이상 망설임 없이 주일날 집에 남은 10만 원을 헌금을 했다. 나는 그때 남은 수표 한 장 10만 원을 헌금할 때는 그 어느 때보다도 정말 감사하는 마음으로 감사헌금을 했다.

주님의 뜻은 선하시고 나를 선한 길로 인도하시는 분이시니까 주님의 뜻을 분명히 알면 그것이 내게 힘든 일일지라도 주님께 순종하는 것이 얼마나 기쁜지 모른다.

그때도 이름은 밝히지 않고 무명으로 헌금을 했다. 어쩐지 주님만 알고 나만 아는 일을 하는 것 같아서 굳이 이름을 밝히고 싶지 않았다.

주님께서 이 땅에 오셔서 사역하고 계실 때 하루는 성전에서 한 과부가 생활비 전부인 두 동전을 연보궤에 넣는 것을 보시고, 비록 동전 두 개이지만 크게 보시며 모든 사람보다 많이 넣었다고 제자들에게 말씀하셨다.

"한 가난한 과부는 와서 두 렙돈 곧 한 고드란트를 넣는지라 예수께서 제자들을 불러다가 이르시되 내가 진실로 너희에게 이르노니 이 가난한 과부는 헌금함에 넣는 모든 사람보다 많이 넣었도다 그들은 다 그 풍족한 중에서 넣었거니와 이 과부는 그 가난한 중에서 자기의 모든 소유 곧 생활비 전부를 넣었느니라"(막 12:42-44).

우리 집에 생활비 전부인 20만 원이 있는 것을 주님은 알고 계셨다. 주님께서 생활비 전부인 20만 원을 원하시고 나에게 말씀하시며 깨닫게 해주셨지만 내 생각이 개입되면서 깨닫지 못하고 즉시 순종하지 못했다.

부구역장 집사님이 식사비에 보태라고 준 돈 5만 원은 주님께서 나를 깨닫게 하시고 나로 하여금 정신이 번쩍 나게 하셨다.

그 5만 원은 주님께서 내어주시는 것 같은 생각이 자꾸만 들어서 5만 원을 주님께 돌려 드리고 싶었다. 훗날 어느 기도원에서 그때 일이 생각나서 헌금 5만 원을 하면서 기도했다. 신발값 20만 원을 생각하면서….

"주님. 새 신발을 신겨 주옵소서."

13
잊어버린 기도

2006년 1월 1일은 주일이었다. 새 성전에 입당하는 날이기도 했다. 건축헌금 20만 원을 무명으로 했다.

지난번 꿈에 "신발 사오너라"라는 음성을 들었다. 그런 꿈을 꾸고 나서 감사헌금을 20만 원을 했지만….

꿈에는 건축헌금을 다 했

다고 말해서 순종하는 마음으로 다시 건축헌금 20만 원을 했다.

부동산 사무실은 여전히 기적같이 되지를 않고, 많이 어려워서 내가 일을 나가기 시작했다. 일을 하면서 생활을 하고 20만 원을 모아서 입당한 날 건축헌금을 했다.

성경에 어린아이가 주님께 드린 도시락을 생각하면서 나는 20만 원을 손에 들고 주님께 기도했다.

"주님, 이 헌금을 받으시고 축사하시옵소서. 주님께서는 어린아이가 주님께 드린 보리떡 다섯 개와 물고기 두 마리를 받으시고 축사하셔서 많은 군중들을 먹이시고도 남겼습니다. 이 헌금도 받으시고 축사하셔서 우리 가운데 기적이 일어나게 하시옵소서."

주님께서는 어린아이가 주님께 드린 도시락(보리떡 다섯 개와 물고기 두 마리)을 손에 들고 축사하셨다. 주님께서 축사하신 보리떡 다섯 개와 물고기 두 마리는 장년 5,000명이 먹고 열두 바구니가 남았다고 성경에 기록되어 있다. 아마 여자와 어린이를 포함한다면 1만 명 내지 1만 5천 명, 어쩌면 2만 명이 먹었을 것이다.

나는 이런 오병이어 역사를 지금도 믿는다. 무엇이든지 주님 손에 들려지면 이런 기적이 일어날 줄을 나는 확실히 믿는다. 도시락은 아이가 가진 것 중에서 전부였을 것이다. 이 헌금 20만 원은 그때 당시 나에게는 아이의 도시락 같은 것이었다. 나는 아이가 드렸던 도시락을 생각하면서 20만 원을 손에 들고 간절히 기도했다.

"주님이 받으시고 축사하시면 20억도 되고 200억도 되리라 믿습니다. 축사하셔서 오병이어의 역사가 나타나는 교회가 되게 해주세요."

선지자 엘리야의 말을 듣고 순종하는 마음으로 엘리야를 섬겼던 사르밧 과부가 생각나서 주님께 또 기도했다.

"주님, 순종하는 마음으로 드립니다. 사르밧 과부가 순종하는 마음으로 엘리야에게 드렸을 때에 밀가루 통에 밀가루가 떨어지지 않고 기름병에 기름이 떨어지지 않은 것처럼 우리 교회의 재정이 마르지 않고 성령의 역사하심이 끊어지지 않는 교회가 되게 해주세요."

교회가 해야 할 일은 너무나 많다. 지역 주민들을 돌아보고 소외되고 약한 자들을 돌보고 다음세대를 준비하고 선교

사도 많이 보내고 아프리카에 우물도 파고….

마땅히 교회가 해야 할 일이다. 이런 많은 일들을 하고도 교회 재정이 마르지 않게 해달라고 기도했다.

그런데 교회에 환란이 오고 교회가 둘로 갈라지면서 언제부터인지 그런 기도를 하지 않았고 그렇게 기도했던 것도 잊어버렸다. 나는 일 년에 한 번쯤 기도원에 올라가서 하루 정도 있다가 올 때가 있다.

보통 새해가 되면 그렇게 하는데 지난해는 청평에 있는 기도원에 갔다가 기도원 편의점에서 조그만 크리스탈 소품 하나를 샀다. 크리스탈 소품 안에는 예수님이 십자가에 못 박혀 있고 십자가 밑에 사람이 서 있는 모습이었다. 옛날에 몇 년 동안 보았던 환상으로 십자가와 십자가 밑에 앉아서 기도하는 뒷모습과 비슷해서 옛날 생각을 하면서 샀다. 집에 와서 잘 보이는 곳에다 크리스탈 소품을 놓고 보니 볼 때마다 자연스럽게 옛날 생각이 나기도 했다.

그리고 얼마 후, 2개월 정도 지났을까! 보성이 아빠가 신발 한 켤레를 내 앞에 말없이 내밀었다. 내 엄지손가락만 한 조그마한 사기로 된 신발 소품이었다. 앙증맞고 귀여웠다.

내가 각종 소품을 좋아하다보니 보성이 아빠가 자기 눈에 예쁘게 보이는 소품이 있으면 가끔 집에 가지고 온다. 그래서 가지고 온 소품들이 집에 몇 개 있다. 그날도 말없이 내미는 신발을 나는 얼른 받아서 좋아하면서 얼마 전 기도원에서 사 가지고 온 소품 크리스탈 십자가 옆에 놓았다. 십자가 옆에 놓인 신발을 보니 그때 기도했던 것들이 생각나면서 주님께서 지난날을 생각하게 하셨다.

그동안 잊고 있었던 기도. 집에 놓여 있는 소품 신발을 보면서 다시 기도하게 된다. 신발값 20만 원을 생각하면서….

"주님, 예비해 두신 새 신발도 신겨 주옵소서."

14
송구영신 예배 중에 응답하신 하나님

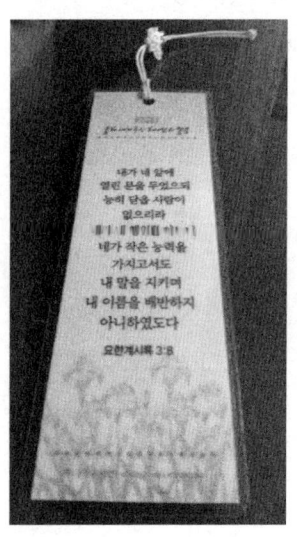

2012년을 보내고 2013년을 맞이하는 송구영신예배 시간이었다. 해마다 연말이면 느끼는 것인데 열매 없이 잎만 무성한 무화과나무 같은 초라한 내 모습을 올해도 여전히 보게 된다. 한 해를 보내고 새해를 맞이하는 송구영신 예배를 드릴 때면 예배시간에 주님께서 올해에 내게 주시는 말씀을 받는다. 나는 오래전부터 늘 말씀을 받기 전에 간절히 이렇게 기도했다.

"주님, 제가 어떻게 해야 할지 주님 뜻을 알 수 있도록 저에게 맞는 말씀을 주세요."

이렇게 기도하면 주님께서는 늘 적절한 말씀을 주시고, 나는 받은 말씀을 가지고 1년 동안 묵상하면서 지냈다.

올해도 공훈 목사님께서 말씀을 받기 전 각자 기도하는 시간을 갖게 하셨다. 나는 간절한 마음으로 기도했다.

"주님! 이 시간 고민하면서 주님께 기도합니다. 주님 뜻을 알 수 있도록 저에게 말씀을 주세요. 주님은 우주보다 크셔서 말씀하시고 보여 주셔도 저희가 깨닫지 못할 수도 있습니다. 이 시간에 바르게 알 수 있도록 다시 한 번 말씀을 주세요. 제가 순종하겠습니다."

지금까지 살면서 하나님께서 말씀하시고 보여주신 것을 바랄 수 없는 중에도 바라고 믿음으로 보면서, 옆도 돌아볼 마음의 여유도 없이 하나님만 바라보고 살아온 것을 생각하니 너무 답답하고 서럽기도 해서 모든 것을 다 아시는 주님께 나는 진심으로 기도했다.

기도를 마치고 성도들이 한 줄로 서면서 한 사람씩 말씀을 받았고 나도 목사님이 주신 말씀을 받아들고 두근거리는 마음으로 말씀을 보았다.

"내가 네 앞에 열린 문을 두었으되 능히 닫을 사람이 없으리라 내가 네 행위를 아노니 네가 작은 능력을 가지고서도 내 말을 지키며 내 이름을 배반하지 아니하였도다"(계 3:8).

주님이 주신 말씀이었다. 지금 내가 주님께 드린 기도에 주님께서 즉시 응답하셨다. 말씀을 보면서 가슴이 설렜다. 내가 어떻게 살았는지를 사람은 몰라도 오직 한 분 주님만 아신다고 나는 떼를 쓰듯 기도했었다.

"주님은 아십니다. 주님만 아십니다. 주님만 아십니다. 주님만 아십니다."

이렇게 몇 번이고 반복 기도를 했는데 우리의 작은 신음에도 응답하시는 주님께서는 내 작은 부르짖음에 즉각 응답하셨다.

"내가 네 행위를 아노니 네가 작은 능력을 가지고서도 내 말을 지키며 내 이름을 배반하지 아니하였도다"라고…주님만 알고 계신다고 어린아이처럼 떼를 쓰듯이 하는 내 기도에 주님께서도 네가 어떻게 살았음을 잘 알고 있다고 말씀해주셨다. 2013년을 시작하는 첫 시간, 송구영신예배 시간에 확실하게 말씀해 주셨다.

신암교회를 다니면서 참 마음이 불편하고 많이 힘이 들었다. 그렇게 마음이 불편하고 힘이 들었어도 신암교회를 떠날 수 없었던 것은 주님과의 약속이 있었고 또 주님께서 많은 것을 보여주시면서 나를 이끌어 주셨기 때문이었다.

보여주신 것들 중에는 간증할 수 없는 것들도 있다. 왜냐하면 나도 믿어지지가 않기 때문이다. 그렇지만 주님이 행하시면 그때는 많은 간증을 하리라고 생각한다. 주님께서는 하실 일들을 많이 보여주셨다. 그럴 때면 나는 지친 모습으로 주님께 칭얼대면서 이렇게 말했다.

"주님! 저는 몸도 마음도 약한 자입니다.
주님! 저는 앞뒤도 분간할 줄 모르는 미련하고 둔한 자입니다.

주님! 저는 손에 쥐어 주어도 잘 알지 못하는 답답한 자입
니다."

그렇게 징징거리며 주님이 주신 말씀도 던졌다가 붙잡고
기도 줄도 놓았다가 다시 잡으면서 늘 그렇게 불완전하게 살
았다. 그래서 주님은 "너는 내 앞에서 행하여 완전하라"고 말
씀하신 것 같다.

눈에 보이지 않는 주님이시지만 늘 우리와 함께하시는 현
존하시는 주님이시다. 함께하신다고 믿고는 있었지만 왜 그렇
게 인식이 안 되는지…그때는 그랬다. 눈앞에 보이는 현실들
이 내 마음을 흔들어 놓으면 바람에 날리는 갈대처럼 잘 흔
들렸다. 머리로 아는 것과 가슴으로 느껴지는 것이 늘 그렇
게 한결같이 쉬운 것이 아닌 것 같다.

그러면서도 말씀하신 것을 이루시는 신실하신 주님을 생
각하면 또 가슴이 뛴다. 그럼에도 불구하고 어떤 때는 신암
교회를 나가는 것이 죽는 만큼이나 싫을 때도 있었고 그럴
때는 내가 살아 있는 것이 싫었다.

보성이 아빠가 신학을 공부하면서 신암교회에 나가는 것

이 불편하고 힘이 들었다. 몸도 힘들었고 마음도 힘이 들었고 정신적으로도 너무 많이 힘이 들었다. 하루하루 생활하는 것도 힘들었다.

그때 우리 형편에 신학을 한다는 것은 대책 없이 무모한 행동이었다. 무모한 행동인 줄 알면서도 할 수밖에 없었던 그 상황은 어떤 말을 해도 설명이 안 된다. 주제 파악도 못하고 사는 사람처럼 살 수밖에 없었다.

그러기에 사방에서 바라보는 시선은 따가웠다. 그 시선들이 나에게는 부담이 되었고 나를 힘겹게 했다. 예상은 하고 있었지만…그런데 현실은 더 힘들었다.

그래서 신학교 가는 것을 결정하기가 어려웠고 어쩌면 그토록 신학을 하기 싫어했는지도 모른다. 구약시대에 활동했던 엘리야 선지자는 하나님의 명령에 따라서 얼마 동안 숨어 있을 때가 있었다. 숨어 있을 때 엘리야를 먹여 살린 것은 까마귀였다. 까마귀가 매일 물어다주는 떡과 고기를 먹고 엘리야는 살았다.

나는 그때 우리 집의 까마귀였다. 엘리야가 매일 까마귀가 물어다주는 떡을 먹고 살았던 것처럼 우리 식구는 내가 매일 물어오는 떡을 먹고 살아야 했다. 그런 와중에 방해하는 세력이자 영적인 존재인 사탄은 또 얼마나 역사를 하는지…사탄의 역사는 우리의 상상을 초월한다. 사탄의 역사를 이야기하면 나는 늘 정신병자 취급을 받는다. 그래서 나는 더욱더 힘이 들었고 모든 것이 정말 힘들었다. 보이지 않는 하나님을 믿고 따라가는 것도 힘들었지만 보이지 않는 사탄과 싸우는 것은 더 힘이 들었다.

내가 힘든 만큼 주님은 내 곁에 더 가까이 다가오셔서 나를 붙들어 주시고 나를 지켜주셨다. 나는 절대적으로, 또 분명히 주님의 은혜로 지금까지 살고 있다고 말할 수 있다.

주님의 은혜가 아니면 살 수 없었던 나를 주님께서는 아시고 아낌없이 은혜를 부어주셨다. 그러한 가운데서 살면서도 나는 잘 흔들리는 참 연약한 존재였다. 나는 믿음이 좋은 사람도 아니었다. 예수님의 제자 도마처럼 보지 않고 듣지 않고 어떤 확신을 주시지 않으면 쉽게 믿지 않고 의심이 많았다.

나보다 나를 더 잘 아시는 주님은 내 인격을 존중해주시면서 주님을 신뢰할 수 있도록 성실과 신실하심으로 반복적인 훈련으로 나를 이끌어 가셨다.

긴 여정 가운데서 때로는 지치기도 했지만 주님 역시 인내하시면서 나를 끊임없이 훈련하시면서 인도하셨다.

이렇게 불완전하고 연약한 나의 믿음을 키우며 세워 가신 완전하신 하나님은 오늘 나에게 이렇게 말씀하셨다.

"네가 작은 능력을 가지고서도 내 말을 지키며 내 이름을 배반하지 아니하였도다."

주님의 말씀이, 한없이 부족한 나를 감싸 안으면서 주님을 배반하지 않았다고 말씀하셨다. 나를 책망하는 것이 아니라 칭찬하시는 소리로 들려졌다. 너무너무 감사하고 또 죄송하기도 했다.

주신 말씀을 생각할 때마다 왜 그런지 나도 알 수 없는 서러움에 눈물이 핑 돈다. 그리고 옆에 계신 주님이 의식되면서 마음이 든든해진다.

내 모습 이대로 사랑하시는 내 주님을 내가 높이고 자랑하면서 영원히 살리라!

15
무화과나무

    수요일 오후마다 교회 정문 앞에서 지나가는 사람들에게 차와 음료수를 대접하면서 교회를 소개하고 예수님을 전한다. 대부분의 사람들이 예수님에 대하여 냉담하며 관심 없어 하는 모습을 보면서 '어떻게 하면 보이지 않는 예수님을 보여 드릴 수 있을까?' 하고 고민을 해본다.

    '예수님 안에 있는 영원한 생명과 지혜와 모든 보화를 보여드릴 수만 있다면, 사람들이 물밀듯이 밀려올 텐데…' 하는 생각을 하곤 한다.

전도를 마치고 교회에 올라갔더니 작은 돌 앞에 무화과나무가 심어져 있었다. 나무에는 무화과 열매가 11개 열려 있었다. 한참을 서서 보고 있다가 옆에 세워놓은 돌, '기도하시는 예수님 손'을 보면서 "주님! 이 무화과 열매를 따서 주님 손에 드리고 싶습니다" 하고 잠시 기도했다.

나는 늘 내가 열매 맺지 못하고 있다고 생각할 때가 많다.

그럴 때면 주님께서 길을 가시다가 무화과나무를 보시고 말씀하신 것이 생각나면서 주님께 죄송했다.

"이른 아침에 성으로 들어오실 때에 시장하신지라 길 가에서 한 무화과나무를 보시고 그리로 가사 잎사귀 밖에 아무것도 찾지 못하시고 나무에게 이르시되 이제부터 영원토록 네가 열매를 맺지 못하리라 하시니 무화과나무가 곧 마른지라"(마 21:18-19).

특히 연말 송구영신 예배 때에는 열매 없이 잎만 무성한 무화과나무처럼 오는 것 같아서 너무 죄송했다.

그래서 열매를 맺고 싶었고 그 열매를 따다가 주님께 드리고 싶은 마음이 간절했다. 새 성전에 입당하고 세워져 있는 돌인 '예수님의 손'을 보고는 그런 생각이 더욱더 간절했다.

그래서 열매를 따다가 저 손에 가득히 안겨드리고 싶다고 매일 기도하게 되었다.

그런데 오늘 작은 돌 앞에 무화과나무가 심어져 있어서 놀라기도 하고 신기하기도 하고 반갑기도 했다. 며칠 전 주일에도 보지 못했는데 누가 언제 심었는지 궁금하여 전도사님께 물었지만 전도사님도 모르신다고 했다.

나무에 무화과 열매가 달려 있는 것을 보고 너무 반가웠다.

'무화과나무 옆에 감나무와 소나무가 있어서 그늘 때문에 잘 자랄 수 있을까?' 하고 생각하면서 교회에 갈 때마다 잘 자라고 있는지, 열매가 얼마나 컸는지 보곤 했다. 볼 때마다 열매는 자라고 있었고 커가는 열매를 보는 것이 또 하나의 기쁨이었다.

그렇게 얼마를 가다가 장마철이 되어서 비가 오기 시작했다. 그런데 어느 날 보니 장마철에 비가 너무 많이 와서 그렇게 되었는지 무화과 열매 9개는 떨어지고 2개만 나무에 붙어 있었다. 나중에는 붙어 있는 열매 2개도 하얗게 곰팡이가 피어 있었다. 며칠 뒤 하얗게 곰팡이가 난 열매 2개는 바짝 말라서 나무에 그대로 붙어 있었다.

얼마나 안타까웠는지 모른다. 열매가 나무에 붙어서 하얗게 곰팡이가 핀 것도 처음 보고, 바짝 말랐는데도 떨어지지 않고 붙어 있는 것도 처음 보는 것 같다.

> "나는 포도나무요 너희는 가지라 그가 내 안에, 내가 그 안에 거하면 사람이 열매를 많이 맺나니 나를 떠나서는 너희가 아무것도 할 수 없음이라 사람이 내 안에 거하지 아니하면 가지처럼 밖에 버려져 마르나니 사람들이 그것을 모아다가 불에 던져 사르느니라"(요 15:5-6).

나뭇가지에 붙어 있는 무화과 열매 2개는 비록 말랐지만 떨어지지 않으려고 안간힘을 다해서 붙어 있는 것같이 보였다. 그렇게 보니 붙어 있는 열매가 안쓰럽게 보였다.

바짝 말라서 붙어 있는 열매를 보면서 나는 또 열매 없는 나 자신을 생각해 본다. 부족하고 보잘것없는 나도 저 열매처럼 끝까지 저렇게 예수님께 붙어 있으리라! 그러면 언젠가는 열매 맺으리라 믿는다.

 우리 집에 걸려 있는 달력을 보니 7월 달에 그려진 그림도 무화과나무였다. 달력에 있는 무화과나무 그림에는 여러 개의 무화과 열매가 맺어 있고 발그스름하게 익은 것도 있었다. 내년에는 교회 무화과나무도 풍성하게 열리고 저렇게 발그스름하게 익은 무화과 열매를 보기를 기대해 본다.

 겨울을 지내면서 무화과나무는 잘 버텨 주었다. 추운 겨울을 잘 이겨낸 무화과나무는 봄을 맞이하고 가지에서는 움이 돋기 시작했다. 얼마 후 가지에서는 잎이 무성했고 나는 기대를 하면서 나무를 살폈다. 그런데 나무가 작년보다 약해 보였다. 그리고 그렇게 기대했던 열매도 보이지 않았다.
 얼마 후 그 무화과나무는 보이지 않았다. 나무가 죽지는 않았을 텐데….

16
작은 돌

교회에 세워져 있는 돌인 '예수님의 기도하는 손' 뒤에 십자가가 그려져 있는 작은 돌 하나가 세워져 있다. 이 돌은 신암교회의 남선교회가 야외에 갔을 때 주워온 돌이다.

처음 이 돌을 보고는 깜짝 놀랐다. 본당 문 입구에 이 돌이 놓여 있는 것을 보고 나는 돌 앞에 한참 동안 서 있으면서 지난날을 생각했다.

지난날을 생각하면서도 믿을 수 없는 일들이었다. 지금도 여전히 믿을 수도 없고 믿기지도 않는 일이었다. 그렇지만 실제적으로 일어난 일이었고 사실이었다.

내가 "처음 들었던 하나님의 음성"을 체험한 집에 살 때다. 사업에 실패하고 달동네에 살고 있었는데 그 집 방 안 천정에 저런 모양의 십자가가 있었기 때문이었다.

그 집 방 구조는 설명하기가 좀 어려운데 달동네 특유의 그런 방 구조였다. 전기 절전을 위해서 해놓은 지혜였다. 방 안 천정 높은 곳에 가운데 네모 모양의 구멍을 뚫고 유리를 얹고 문종이로 발라 놓았다. 햇빛이 들어와서 방 안을 밝게 하기위해서 그렇게 한 것 같았다.

그런데 그 문종이 안에 십자가의 모양이 그려져 있었다. 너무도 이상하게 지금도 이해가 안 되는 것은 그 모양이 처음에는 지푸라기 같은 것이 놓여 헝클어져 있는 모양이었는데 조금씩 변해 가면서 지금 세워놓은 작은 돌 위에 새겨진 것처럼 십자가 모양이 되어버린 것이다.

그때 너무나 이상해서 십자가를 보면서 사람들에게 이야

기를 하기도 했다. 유리 밑에 문종이를 발라 놓아서 환하게 밝게 보여서 밤에 잘 때도 눈에 잘 띄어서 눈길이 자주 가는 곳이었다. 그리고 아침에 일어날 때도 제일 먼저 눈에 띄는 곳이다. 늘 보면서 어떻게 된 일일까 궁금하기도 했지만 한편으로는 십자가 모양이라서 싫지도 않았다.

그러던 어느 날 아침에 잠이 깨고 눈을 뜨면서 정말 깜짝 놀랐다. 천정이 크게 동그랗게 뚫어지고 천정 벽지는 찢어져 밑으로 축 처져 있었다. 천정이 얼마나 크게 뚫렸는지 그리로 사람이 들어갈 수 있을 정도였다. 아침에 잠을 깨면서 천정을 보고 나는 멍하니 쳐다보고 금방 일어나지를 못했다.

전날 밤에 아무 일 없이 조용하게 지냈는데 아침에 일어나 보니 천정은 마치 폭풍이 한바탕 휩쓸고 간 것 같았다. 천정이 뚫리고 나서야 그 십자가의 정체가 밝혀졌는데 그것은 지푸라기도 아니었고 녹색 두꺼운 테이프였다.

나는 교회에 가서 목사님께 말씀을 드렸다. 곽 목사님하고 몇 분 성도님이 심방을 와서 예배를 드렸다. 예배를 드리고 나서 모두 일어서서 다시 대충 붙여 놓은 천정을 구경처럼 보기도 했다.

나는 오래전에 있었던 믿기지 않는 지난날의 사실들을 그 돌 앞에 서서 한참 동안 생각에 젖어 있기도 했다.

본당 출입문 입구에 놓였던 돌이 옮겨져서 청년부 담임 목사님 사택 입구에 있었다. 이 돌을 볼 때마다 그 십자가 사건이 생각나면서 그 돌에 관심을 가지게 되었다.

곽 목사님도 주일예배 말씀 중에 저 돌을 말씀하시면서 새 성전을 건축하면 저 돌을 머릿돌로 세우고 싶다고 말씀하셨다. 물론 곽 목사님께서는 저 돌에 대해서 내가 알고 있는 돌 사연은 전혀 알지 못하고 있었다. 아마 돌이 십자가 모양도 있고 특이하게 생겨서 새 성전을 건축하면 머릿돌로 세우고 싶다고 말씀하지 않았을까 하고 생각한다.

몇 년 후, 새 성전이 건축되었다. 그러나 저 돌은 머릿돌도 아니었고 지금 저 곳에 세워져 있지도 않았다.

교회 앞 계단에 수도꼭지가 있는 곳, 지금은 채송화가 예쁘게 피어 있는 큰 화분이 놓여 있는 그곳 바닥에 있었다.

굵은 밧줄로 칭칭 감겨져 있었다. 왜 밧줄에 감겨져 있었는지…무거운 돌을 옮기기 위해서 밧줄을 감았는지 알 수 없지만 몇 달 동안 그렇게 밧줄에 감긴 채 놓여 있다가 지금 저

곳에 세워졌다.

곽 목사님이 성전을 건축하면 성전 머릿돌로 세우고 싶다고 말씀을 해서 그런지 저 돌을 볼 때마다 생각나는 말씀이 있다.

"건축자들이 버린 돌이 모퉁이의 머릿돌이 되었나니 이것은 주로 말미암아 된 것이요 우리 눈에 기이하도다"(마 21:42).

17
이방인처럼

사람들과 함께 생활을 하다 보면 가끔 내가 이방인이 된 것 같은 느낌이 들 때가 있다. 나와는 너무나 거리가 먼 이야기들, 가치관과 사고와 현실 문제들. 이런 이야기를 듣다 보면 나 혼자 세상 밖에 있는 기분이 들 때가 있다.

그럴 때면 나는 나도 모르게 먼 하늘을 바라보며 "나의 도움이 어디서 올꼬?" 하는 시편에 있는 말씀을 머리에 떠올리면서 속으로 조용히 말씀을 읊조려 본다. 그리고 나의 도움은 천지를 지으신 여호와 하나님이심을 고백한다.

성경에서 하나님은 하나님 백성을 이방인으로 살게 하시

는 경우가 있었다. 하나님께서 아브라함에게 말씀하셨다.

"너는 너의 고향과 친척과 아버지의 집을 떠나 내가 네게 보여 줄 땅으로 가라"(창 12:1).

하나님께서는 아브라함을 이끌어 내고 인도해 가시면서 오직 하나님만 바라보게 하시고 의지하게 하신다. 아브라함뿐만 아니라 야곱도 그렇게 하셨고 요셉도 그렇게 하시면서 그들을 단련하셨다.

모세는 40년 동안 이방인으로 살게 하시고 미디안 광야에서 그를 연단하셔서 민족의 지도자로 사용하셨다. 이방인이 된 기분과 느낌은 어땠을까? 모든 사람은 왼쪽으로 걸어가고 있는데 나 혼자 오른쪽으로 걸어가는 기분이랄까? 아침에 해 뜨는 것을 보기 위해서 사람들이 동쪽을 보고 있는데, 나도 해는 동쪽에서 뜨는 것을 알고 있지만 하나님께서 오늘은 서쪽에서 해가 뜬다고 말씀하셔서 혼자 서쪽을 바라보는 기분이라고 할까?

험하고 먼 길을 혼자서 가는 기분이다. 눈에 보이지 않고 손으로 만질 수 없는 하나님이시기에…눈앞에 보이는 현실

앞에 지쳐버리면 하나님은 언제나 말씀을 나에게 주시고 꿈으로 나를 만나 주시면서 나를 일으켜 주시곤 했다. 그러면 지쳐 있는 몸과 마음을 추스르고 믿음으로 주님을 붙잡고 힘을 내게 된다.

그렇지만 하나님의 음성보다 주위에서 들려오는 소리는 더 크게 들리고 내가 믿고 따라가는 하나님보다 눈앞의 현실들은 더 분명하게 보이기에 난 자주 한숨을 쉬고 쉽게 지친다.

끝도 보이지 않는 캄캄한 긴 터널 속을 혼자 걸어가면서 앞에 가는 반딧불만 보고 따라가는 그런 기분이라고 할까?

나를 인도해 가시는 하나님은 우주보다 크신 분이다. 그렇지만 물질만능이고 최첨단 과학이 발달한 세상 한가운데를 걸어가다 보니 나를 인도해 가시는 주님이 우주보다 크신 하나님이시지만 눈에 보이지 않기에 반딧불처럼 작게만 보였다.

세상 한가운데서 내 믿음이 그만큼 작았다. 내가 잠깐만 한눈을 팔면 따라가던 반딧불은 보이지 않고…그러면 난 또 털썩 주저앉아 버린다. 정신을 차리지 않으면 따라갈 수가 없다. 눈에 보이지 않는 하나님을 따라가기 위해 집중하고 몰두

하다 보니 예전에는 사용하던 언어도 잊어버릴 때가 있었다.

하박국 선지자처럼 질문하면서, 하나님께서 내 질문에 어떻게 말씀하실지 말씀을 듣기 위해 귀를 기울이면서 살 때가 많았다. 주님께서 주신 말씀을 붙잡고 주님을 생각하면서 살다 보니, 자연히 평소 사용하던 일상적인 용어와 단어가 생각나지 않아 말을 하면서 자주 멈춰지게 되었다.

또 어떤 때에는 자주 사용하던 단어도 왜 그렇게 생소하게 들려지는지… '이 말이 맞나?' 하고 망설이면서 말을 못 하기도 했다.

이래저래 말수가 적어졌다. 그때는 집에서 텔레비전을 잘 보지 않아서 더 그렇게 된 것 같다. 텔레비전이 오래 되어서 화면도 잘 나오지 않고 해서 잘 보지 않았지만…텔레비전을 보고 앉아 있을 만큼 내 마음이 한가하지도 않았다. 말이 자주 막히고 심각한 생각까지 들어서 텔레비전을 새것으로 들여 놓아 텔레비전을 보면서 잊어버린 말도 찾고 말을 많이 들어야겠다는 생각을 하게 되었다.

이처럼 하나님을 사모하고 기대하면서 살다 보니 하나님

을 경험하는 일도 많았다. 어떤 때에는 기대하지도 않았는데 하나님께서 다가오셔서 말씀하시고 흔적을 남겨주시고 가셔서 깜짝 놀라기도 했다.

오래전의 일이다. 그때 너무도 답답하고 몸도 마음도 지치고 힘들어 거실 마루에 잠깐 누웠다가 일어났다. 그런데 아니! 이게 뭔가? 무지개가 내 옆에 있었다. 나는 주위를 빨리 돌아보면서 햇볕이 어떤 물체에 반사되어서 일곱 색깔로 나타난 것이 아닌가 하고 주위를 살펴보았지만 아무것도 발견할 수 없었다.

오후 2-3시경인데 창문으로 들어온 햇빛이 거실 마루에 비치고 있었는데 너무나 예쁜 무지개였다. 비가 온 후 흔히 하늘에 나타나는 무지개를 보면 일곱 가지 색깔이 그렇게 분명하지가 않다. 그런데 그날 마루에서 본 무지개는 빨강, 주황, 노랑, 초록, 파랑, 남색, 보라색…일곱 색깔이 너무나 진하고 선명하였다.

나는 무지개 옆에 앉아서 짙은 색으로 선명하게 그려진 일곱 색깔을 손가락으로 하나 둘 짚으면서 세어 보기도 했다.

한참을 보고 있었는데 그때는 핸드폰이 없어서 사진을 찍어 놓지 못한 것이 지금 생각해도 아쉽다.

무지개는 하나님께서 약속하시고 그 약속하신 것을 증거하는 언약의 증거이다. 노아 홍수 후에 하나님은 다시는 홍수로 모든 생물들을 멸하지 않겠다고 약속하시고 증거로 무지개를 세우셨다.

"내가 너희와 언약을 세우리니 다시는 모든 생물을 홍수로 멸하지 아니할 것이라 땅을 멸할 홍수가 다시 있지 아니하리라…내가 내 무지개를 구름 속에 두었나니 이것이 나와 세상 사이의 언약의 증거니라"(창 9:11-13).

하나님은 무지개를 보시고 약속하신 언약을 기억하시겠다고 말씀하셨다.

"무지개가 구름 사이에 있으리니 내가 보고 나 하나님과 모든 육체를 가진 땅의 모든 생물 사이의 영원한 언약을 기억하리라"(창 9:16).

그 이후로 나는 그 시간을 기억하고 매일 그 시간이면 그 자리에서 햇빛을 주의 깊게 보곤 했다. 매일 그 시간 그 자리에 햇빛은 있었지만 햇빛이지 무지개는 아니었다.

이렇게 주님은 내가 지쳐 있을 때 찾아오셔서 주님께서 하신 말씀과 또 나를 기억하고 계신다는 의미로 내 곁에 다가오셔서 나도 모르게 무지개를 예쁘게 그려 놓기도 하셨다.

그럼에도 불구하고 때때로 나는 주님께서 말씀을 주시고 꿈으로 보여주시면서 나에게 주신 그 꿈과 비전이 허상이고 망상이라는 생각이 내 마음에 밀물처럼 밀고 들어와 나를 사로잡고 삼키려고 할 때가 종종 있었다.

그런 때는 정말 온몸에 기가 빠지고 탈진이 되는 것 같다.

눈에 보이지 않는 하나님을 따라가는 것도 힘들지만 눈에 보이는 현실을 무시하는 것도 참 힘들다. 절박한 현실 속에서 눈에 보이지도 않는 하나님께 우리 가정과 내 삶을 맡기고 살아가는 것이 얼마나 힘든지….

언제부터인지 나는 자연을 보면서 하나님을 찾기 시작했다. 내가 살아가는 이유가 되고 사랑하고 의지하면서 따라가는 하나님은 눈에 보이지 않지만 그분이 만드신 자연을 눈으로 볼 수 있는 것이 참 행복하고 기뻤다.

나는 나도 모르게 자연을 믿음의 눈으로 보기 시작했고 믿음의 눈으로 볼 때면 작은 들꽃 하나도 그냥 지나칠 수 없어서 걸음을 멈추고 바라보기도 한다.

가끔 길을 가다가 아스팔트가 깨어진 틈 사이나, 담장 밑이나, 바윗돌 틈 사이에 어디서 날아왔는지 아니면 어디서 떨어졌는지 알 수 없지만 씨앗이 자라서 예쁘게 꽃이 피어 있는 것을 볼 때가 있다. 나는 가던 걸음을 멈추고 한참 동안 바라본다.

"이렇게 열악한 환경 속에서도 이처럼 예쁘게 꽃을 피우는구나."

나는 피어 있는 꽃을 보면서 이렇게 속으로 중얼거린다. 어떤 환경에서도 최선을 다하는 그들의 모습을 칭찬해 주고 싶다. 그리고 어떤 상황에도 굴하지 않고 자기가 해야 할 일을 다 하며 예쁘게 꽃을 피우는 그 열심을 나는 배우고 싶다.

이 모든 것들을 하나님이 지으셨다고 생각하면 얼마나 귀하게 보이고 또 얼마나 소중하게 여겨지는지 모른다. 모든 피조물이 다 그렇게 보인다.

"창세로부터 그의 보이지 아니하는 것들 곧 그의 영원하신 능력과 신성이 그가 만드신 만물에 분명히 보여 알려졌나니 그러므로 그들이 핑계하지 못할지니라"(롬 1:20).

아름다운 자연을 볼 때면 저절로 암송이 되는 말씀이다. 이 말씀을 생각하면서 자연과 피조물들을 보고 있노라면 하나님의 사랑과 선하심이 세상에 가득 차 있으며 우리들을 얼마나 사랑하시는지도 엿보인다.

"이는 하나님을 알 만한 것이 그들 속에 보임이라 하나님께서 이를 그들에게 보이셨느니라 창세로부터 그의 보이지 아니하는 것들 곧 그의 영원하신 능력과 신성이 그가 만드신 만물에 분명히 보여 알려졌나니 그러므로 그들이 핑계하지 못할지니라"(롬 1:19-20).

우리 눈에 보이지 않는 하나님은 자연 만물을 통하여 자신을 드러내 보이고 자연을 통해 자신의 존재를 알려주셨다.

가끔 답답하고 힘들면 자연을 통하여 자신을 보이시고 알게 해 주시는 하나님을 만나기 위하여 집 뒷산 공원에 올라간다. 한적한 곳에 자리를 잡고 앉아서 하늘을 쳐다보고 "주님!" 하고 간절하게 불러보면 때마침 바람이 세차게 불어서 산에 있는 나무들은 모두 바람에 흔들리면서 나를 부른다.

주님께서는 나뭇가지를 흔들면서 "나 여기 있다" 하고 주님께서 나를 보고 손짓하신다. 그리고 산에 있는 모든 나무들에게 나를 맞이하라고 명령하신다. 그러면 세찬 바람이 더 크게 불어 산이 흔들리면서 나무들은 약속이라도 하듯이 두 팔을 벌려 나를 맞이한다.

그럴 때면 내 마음은 오히려 더욱더 서러워지고 끝내 울음을 참지 못한다. 그리고 나를 보고 손짓하는 주님의 손짓이 나를 위로하는 주님의 음성으로 들려지기도 한다.

주님께 대하여 더욱 간절한 마음이 들면, 간절한 마음으로 하나님을 찾던 욥이 생각나기도 했다.

"내가 앞으로 가도 그가 아니 계시고 뒤로 가도 보이지 아니하며 그가 왼쪽에서 일하시나 내가 만날 수 없고 그가 오른쪽으로 돌이키시나 뵈올 수 없구나"(욥 23:8-9).

목마른 사슴이 물을 찾아 헤매는 것처럼 욥이 얼마나 하나님을 찾다가 찾지 못하고 지쳐 있었는지…욥의 탄식하는 소리가 들리는 것 같다.

하나님은 욥을 순전하고 정직하여 하나님을 경외하며 악에서 떠난 자라고 욥을 칭찬하셨다. 그런 욥에게 말할 수 없는 고난이 찾아오고, 가족과 친척에게 외면당하고, 친구들에게도 정죄와 조롱을 받게 된다. 욥은 답답한 마음에 하나님을 만나고 싶은 마음으로 전심으로 하나님을 찾지만 하나님을 만나지 못하므로 탄식한다.

욥은 하나님의 공의롭고 선하심을 인정하고 하나님께서 모든 것의 주인 되심을 인정하는 신앙을 가지고 있었다. 그렇기 때문에 자기의 모든 소유를 다 잃었을 때도 "주신 분이 여호와시요 거두신 이도 여호와시오니 여호와의 이름이 찬송을 받으실지니라" 하고 하나님을 원망하지 않았다.

그러나 욥도 긴 고난과 육신의 고통 앞에서는 자신의 순전함을 끝까지 지키지 못하는 모습을 보이기도 한다. 나는 욥의 심정을 충분히 공감하며 이것이 인간의 연약함이고 인간의 한계라고 본다.

그러나 시간이 지난 후에 욥은 하나님의 뜻과 섭리를 깨닫고 자신이 받고 있는 고난은 자기 잘못으로 받는 죄의 형벌이 아니고 신앙의 연단임을 깨닫게 되며 "하나님이 나를 단련하신 후에는 내가 순금같이 되어 나오리라"고 고백한다.

> "내가 가는 길을 그가 아시나니 그가 나를 단련하신 후에는 내가 순금같이 되어 나오리라"(욥 23:10).

욥의 확신에 찬 고백이 부럽고 또 박수를 보낸다. 나는 욥과 같이 고백은 못하지만 나도 한 가지는 고백할 수 있다.

> "내가 가는 길을 오직 그가 아시나니…"(욥 23:10).

나의 가는 길을 주님은 아십니다. 그러기에 주님을 바라보고 주님을 의지합니다.

18
하나님이 주신 열매

며칠 있으면 열매가 태어난다.

나무들은 빨강, 노랑, 초록으로 예쁘게 단장을 하고 마음껏 뽐내다가 이제는 곱게 물들인 채 색 옷을 입고 하늘하늘 춤을 추면서 하나둘 떨어지고…들과 산에는 무르익은 오곡과 과일들을 추수하여 바구니에 담아서 집으로 들여오게 된다.

우리 교회 감나무에 열린 감도 붉게 익어서 지금이라도 추수할 수 있는 이 풍성하고 좋은 계절에 우리 열매가 태어난다.

생각하면 마음이 설레기도 하지만, 한편으로는 '으~앙' 하고 힘차게 첫 울음을 터뜨리면서 건강한 모습으로 만나야 할 텐데…막연하게 불안한 마음도 든다.

주님께서 신암의 청년 김보성과 동현의 청년 정인화가 만나서 하나가 되고 믿음의 가정을 세우시고 열매를 맺게 하셨다. 신암교회와 동현교회가 하나 되면서 신금호교회가 된 것처럼 보성이와 인화의 결혼은 상징적인 의미가 있는 결혼이었다.

결혼식 날 공훈 목사님도 주례사의 첫 마디가 신암교회와 동현교회가 하나된 것처럼 신암 청년과 동현 청년이 만나서 한 가정을 이룬다고 말씀하셨다.

보성이가 신혼여행을 가고 내일이면 돌아오는 날이었다. 박경화 권사님에게서 전화가 왔다. 보성이 꿈을 꾸었다며 꿈 이야기를 하셨다.

권사님이 씨앗 봉지 2개를 보성이에게 주면서 씨앗을 뿌리라고 했단다. 보성이가 권사님이 주시는 씨앗 봉지 2개를 받았는데 잔디가 심겨진 언덕에 분꽃 같은 꽃이 어우러져 많이 피어 있는 광경을 보았다고 했다.

며칠 뒤 권사님은 교회에서 만나서 또 꿈 이야기를 하시면서 이렇게 네모난 하얀색 씨앗 봉지 (권사님 손바닥에다 씨앗 봉지를 손가락으로 그리면서) 2개를 보성이에게 주었다면서 자세하고 친절하게 꿈 이야기를 하셨다.

네모난 하얀색 씨앗 봉지 2개!

이것은 동현교회와 신암교회가 뿌려 놓은 기도와 눈물과 수고의 땀방울이 아닐까?

주님께서는 두 교회를 하나 되게 하시고 우리에게 더 큰 텃밭을 맡기시고 기대를 하고 계신지 모른다.

그런데 우리는 주신 텃밭을 묵혀두어서 잡초만 무성하게 자라고 있지는 않은지…수고하고 땀방울로 얻은 씨앗을 이제 다시 뿌리고 열매 맺기까지는 많은 수고와 노력이 필요하다. 씨앗을 뿌리기 위해서는 땅을 파서 일구고 돌을 제하고 힘든 작업을 해야 한다.

씨앗을 뿌린 후에는 물을 주고 잡초를 뽑고 벌레도 잡으면서 늘 돌아보고, 이렇듯 돌보고 섬겨야 열매를 볼 수 있다. 그리고 잊지 말아야 할 것은 우리가 수고하여 일구어 놓은 텃밭을 허무는 여우가 있음을 기억해야 한다. 그래서 무엇보다도 기도가 중요하다.

주님께서는 우리와 함께 일하시기를 원하신다. 우리가 할 일은 씨앗을 뿌리고 물을 주고 돌보는 것이고 자라게 하시고 열매 맺게 하시는 분은 주님이시다. 하나의 열매를 보기 위해서는 많은 수고와 기도가 있어야 한다.

사도 바울은 이런 수고를 한 생명을 출산하기 위해서 산모가 겪는 고통에 비유하여 '해산하는 수고'라고 하기도 했다.

"나의 자녀들아 너희 속에 그리스도의 형상을 이루기까지 다시 너희를 위하여 해산하는 수고를 하노니"(갈 4:19).

그러면서도 바울은 이러한 수고를 오히려 기뻐한다고 말하기도 했다.

"나는 이제 너희를 위하여 받는 괴로움을 기뻐하고 그리스
도의 남은 고난을 그의 몸 된 교회를 위하여 내 육체에 채
우노라"(골 1:24).

몸 된 교회를 위해서 수고하는 것이 주님의 고난에 동참
하는 것이고 그것이 곧 주님의 은혜라고 했다. 왜냐하면 주님
의 고난에 동참하는 것이 주님의 영광에도 동참하기 때문이
다. 그래서 사도 바울은 주님을 위해서 고난 받는 것을 은혜
라고 했다.

"그리스도를 위하여 너희에게 은혜를 주신 것은 다만 그를
믿을 뿐 아니라 또한 그를 위하여 고난도 받게 하려 하심이
라"(빌 1:29).

몸 된 교회를 위해 수고함으로써 주님의 고난에 동참하는
우리가 되었으면 좋겠다. 우리 모두가 함께 몸 된 교회를 잘
섬기고 우리에게 맡겨 주신 텃밭을 잘 가꾸는 그리스도의
충성된 일꾼이 되었으면 정말 좋겠다.
우리 각자에게 주어진 환경과 시간 속에서 최선을 다하는

우리 모습을 보시고 주님께서도 기뻐하시면서 착하고 충성된 종이라고 칭찬하시리라 믿는다.

우리의 마음 중심을 보시는 주님은 우리가 하는 일의 많고 적음을 보시는 것이 아니고 어떤 자세로, 어떤 모습으로 하는지 보시는 주님이시다. 그래서 최선을 다할 때에 최고로 보시고 최선을 다하는 우리를 향하여 주님은 엄지손가락을 세우시면서 최고라고 말씀하실 것 같다.

그렇게 형편과 처지 속에서 우리가 해야 할 일을 다 하면 주님께서 최고의 열매를 맺게 하실 줄 믿는다. 그러면 그 열매를 매일 따다가 주님께 안겨 드리고 주님과 함께 지역 주민들에게 나누면서 좋은 교회로 소문나는 우리 교회가 되었으면 좋겠다.

"눈물을 흘리며 씨를 뿌리는 자는 기쁨으로 거두리로다 울며 씨를 뿌리러 나가는 자는 반드시 기쁨으로 그 곡식 단을 가지고 돌아오리로다"(시 126:5-6).

보성이를 가졌을 때 꾼 태몽이 생각난다. 나는 그 당시 조금 늦게 결혼을 하고 1년이 넘어서 보성이를 낳았다.

보성이가 태중에 있을 때 어느 날 꿈을 꾸었는데 우리나라에서는 쉽게 볼 수 없는 넓고 넓은 들판이 한눈에 들어왔다. 그 아득한 들판에는 벼를 베어서 그 넓은 들판 논에 가지런히 깔려 있었다.

천지에 보이는 것은 땅바닥에 깔려 있는 벼뿐이었다. 마치 물이 바다를 덮음같이, 벼가 지평선을 그렇게 덮고 있었다.

내 주위에도 벼들이 땅바닥에 깔려 있었다. 나는 논과 논 사이 넓지 않은 길에 서 있었는데 내가 서 있는 왼쪽 논에도 벼가 땅바닥에 깔려 있었고 그중에서 벼 몇 포기가 서있었다. 벼는 누렇게 익어서 고개를 숙이고 있었다.

그때 하늘에서 들려오는 소리가 있었다.

"저것은 씨(씨종자) 할 거다."

태몽이 예사롭지 않아서 누구에게도 말하지 않고 혼자 마음에 간직하고 있었다.

보성이가 결혼하여 아이를 갖게 되었고 어느 날 아이 태명을 지었다고 말하면서 열매라고 했다. 나는 속으로 조금 놀라면서 왜 열매라고 지었느냐고 물었더니 성령의 9가지 열매가 생각나서 열매라고 했단다.

이제 며칠 있으면 그 열매가 태어나고 만나게 된다. 열매를 만나면 왠지 좋은 일이 일어날 것만 같다. 교회에도, 각 가정에도….

성령의 9가지 열매가 주렁주렁 열리면 매일 따다가 주님 손에 가득 안겨 드리고 싶다. 지금도 우리의 연약함을 도우시기 위해서 기도하고 계시는 주님, '기도하시는 예수님의 손'에 드리면서 이렇게 말하고 싶다.

"주님! 이 모든 것이 주님의 은혜입니다."

그러면 주님께서 얼마나 기뻐하실까?

주님께서 활짝 웃으시는 함박웃음을 상상해보니 생각만 해도 신이 난다.

19
하나님의 집

"여호수아가 이 모든 말씀을 하나님의 율법책에 기록하고 큰 돌을 가져다가 거기 여호와의 성소 곁에 있는 상수리나무 아래에 세우고 모든 백성에게 이르되 보라 이 돌이 우리에게 증거가 되리니 이는 여호와께서 우리에게 하신 모든 말씀을 이 돌이 들었음이니라…"(수 24:26-27).

위의 말씀은 여호수아가 죽기 전에 이스라엘 백성에게 하는 마지막 설교이며 고별사이다. 이스라엘 백성들은 애굽에서부터 가나안에 정착하기까지 하나님의 초자연적인 능력을 경험하면서 하나님의 임재 속에서 살았다. 늘 그들의 눈앞에는 낮에는 구름기둥이, 밤에는 불기둥이 있어서 하나님의 인도와 보호하심을 눈으로 직접 보았던 사람들이다. 홍해와 요단 강이 갈라져서 육지처럼 걸어서 바다와 강을 건너갔던 사람들이다.

이스라엘보다 크고 강한 가나안 원주민들을 쫓아내고 그 땅을 정복하고 그들은 자기 땅처럼 각 지파별로 땅을 분배받아서 살았다. 백성들도 스스로 하나님께서 하신 것인 줄을 인정했다. 그럼에도 그들은 하나님 한 분만을 섬기지 못하고 주변에 있는 이방신들을 섬겨서 하나님의 진노를 샀다.

죽은 모세를 이어서 지도자가 된 여호수아는 백성들을 너무나 잘 알고 있었다. 나이가 많은 여호수아는 자신의 임종이 얼마 남지 않음을 알고 백성들을 모아놓고 오늘까지 하나님께서 하신 일을 상기시키면서 "너희는 하나님만 섬기든지, 이방신들을 섬기든지 너희가 섬길 자를 오늘 택하라"고 신앙적 결단을 촉구한다. 그때 이스라엘 백성들은 오직 하나님만 섬기기로 약속하고 그 증거로 돌을 세운다.

공훈 목사님이 본문 말씀을 전하시면서 우리 교회에도 돌이 세워져 있다고 하시며, 돌에는 하나님의 집이라고 적혀 있다고 하셨다.

"하나님의 집."

당회에서 정했는지 제직회에서 정했는지 모르지만 참 잘 지었다고 하시며 교회는 정말 하나님의 집이라고 재차 말씀하셨다. 나는 말씀을 들으면서 당회에서 정한 것도 아니고 제직회에서 정한 것도 아니고 하나님이 정하신 것이라고 혼자 생각했다.

여호수아가 큰 돌을 성소 곁에 세우고 증거를 삼은 것처럼 주님께서도 우리 교회 성전 뜰에 돌을 세우시고 주님께서 하신 일을 증거하시고 인정과 영광 받으시기를 원하신다.

돌에 적혀 있는 "하나님의 집"은 성경에서는 벧엘이라고 했는데 야곱이 하나님을 만나고 하나님께 서원하고 신앙고백을 했던 곳이다.

야곱이 아버지를 속이고 장자의 축복을 받은 후, 형 에서의 보복이 두려워 외삼촌이 살고 있는 하란으로 도망간다. 그런데 날이 어두워 한곳에서 돌을 가져다가 베개로 삼으며 자다가 꿈에 하나님을 만난다. 야곱이 처량하게 들판에서 노숙을 하고 있는 것을 보시고 하나님께서는 꿈에 나타나셔서 야곱에게 비전을 주시고 함께 하실 것을 약속하셨다.

"야곱이 잠이 깨어 이르되 여호와께서 과연 여기 계시거늘 내가 알지 못하였도다 이에 두려워하여 이르되 두렵도다 이곳이여 이것은 다름 아닌 하나님의 집이요 이는 하늘의 문이로다 하고 야곱이 아침에 일찍이 일어나 베개로 삼았던 돌을 가져다가 기둥으로 세우고 그 위에 기름을 붓고 그 곳 이름을 벧엘이라 하였더라"(창 28:16-19).

하나님이 눈에 보이지 않기에 하나님의 실존과 존재를 의식하지 못할 때가 많다. 예배시간에도 지금 하나님을 예배하는 중인데도 불구하고 눈에 보이지 않기에 한눈을 팔며 간혹 딴 짓을 할 때도 있다.

우리가 예배하는 대상은 하나님이시다. 인격적이고 전능하신 하나님이시다. 하나님의 전지전능하심을 인간의 언어로, 그 어떤 수식어로도 표현할 수 없다. 하나님은 인간의 영역 밖에 계시는 분이시다. 그분을 예배할 때는 당연히 경외하는 마음으로 예배해야 한다. 우리는 얼마나 마음을 다해서 하나님을 예배하는가?

"하나님은 영이시니 예배하는 자가 영과 진리로 예배할지니라"(요 4:24).

신령과 진정으로 드리는 예배는 어떻게 드리는 것일까? 진실된 마음으로 정성을 다하여서 하나님을 예배하는 것이라고 생각한다.

우리가 세상 속에서 살 때는 사람들에게 인정받고 싶고 또 나를 드러내고 싶은 욕심에 나를 적당하게 포장하고 가면을 쓰기도 한다. 그러나 하나님은 만홀히 여김을 받지 않으시는 분이시다.

하나님 앞에 나아갈 때는 우리가 쓰고 있던 가면과 포장을 다 벗고, 있는 모습 그대로를 내어놓고 마음을 온전히 드려야 한다. 그러면서 성령이 교통하시는 가운데 하나님의 말씀을 깨달아 알고 주님께 나 자신을 드려야 한다.

하나님의 뜻에 자신의 인격과 의지를 복종하면서 내 삶에 하나님의 뜻을 담아서 실천하며 하나님을 드러내는 것이 그리스도인의 삶이라고 생각한다.

그러나 하나님은 눈에 보이지 않기에 우리는 의지를 쉽게 잃어버리고 보이지 않는 하나님보다 눈에 보이는 세상에 초점을 맞추고 살 때가 많다.

벧엘은 야곱에게 잊지 못할 두 번의 의미가 있는 장소이다. 첫 번째는 아버지와 형을 속이고 위기를 느끼고 외삼촌 집으로 도망가다가 하나님을 만난 곳이다. 그때 야곱은 하나님께서 나와 함께하셔서 나를 지켜주시고 내게 복을 주시고 내가 다시 편안하게 아버지 집으로 돌아오면 하나님은 나의 하나님이 되시고 내가 이곳에서 하나님께 제단을 쌓겠다고 약속했다.

하나님께서는 야곱이 외삼촌 집에 살 동안 함께하시고 야곱을 지켜주시고 아내와 많은 자녀를 주셨고 거부가 될 수 있도록 복을 주셨다. 그리고 야곱은 20년 만에 가족들과 함께 다시 고향으로 돌아왔다. 그러나 그는 처음 벧엘에서 하나님께 서원했던 것을 이행하지 않았다.

그러던 어느 날 딸의 사건으로 아들들의 복수로 인하여 야곱은 사면으로부터 위기를 느끼고 그때서야 그는 옛날 하나님을 만났던 벧엘을 기억하고 다시 벧엘로 올라간다. 그는 그때 자신의 영적 상태를 돌아보고 자신의 집에 있는 우상들을 버리고 자신을 정결하게 하는 작업을 하면서 새롭게 자신을 다듬는다.

"야곱이 이에 자기 집안 사람과 자기와 함께 한 모든 자에게 이르되 너희 중에 있는 이방 신상들을 버리고 자신을 정결하게 하고 너희들의 의복을 바꾸어 입으라 우리가 일어나 벧엘로 올라가자 내 환난 날에 내게 응답하시며 내가 가는 길에서 나와 함께 하신 하나님께 내가 거기서 제단을 쌓으려 하노라"(창 35:2-3).

이와 같이 우리는 우리가 어려울 때는 하나님을 찾고 하나님께 약속도 하지만 편안하면 쉽게 잊어버린다. 편안하고 안일하게 신앙생활 하다 보면 나도 모르게 타성에 젖어 알맹이 없는 신앙이 되어서 알곡이 아닌 쭉정이가 되기 쉽다.

야곱이 벧엘로 올라갈 때에 신상들을 버리고 벧엘로 갔

다. 그들은 하나님을 믿으면서도 이방 신상들을 집에 두고 있었다. 오늘날 우리 주위에도 우상이 얼마든지 있다. 하나님보다 더 사랑하고 의지하면 우상이 되고 하나님보다 더 중요한 것도 우상이다. 돈, 명예, 권력 모두 다 우상이 될 수 있다.

야곱이 신상들을 상수리나무 밑에 묻고 의복을 바꾸어 입고 자신을 정결하게 하고 벧엘로 올라간 것처럼 우리도 우리 내면에 있는 우상들을 십자가에 못 박기 위해서 자신의 영적 상태를 돌아보고 자신과 싸우면서 날마다 새로워져 가는 것, 이것이 하나님 앞에서 정결한 모습이 아닐까?

교회에 세워져 있는 돌에 적혀 있는 '하나님의 집'이라는 글씨를 볼 때마다 자신의 영적 상태를 돌아보고 잃어버린 의지를 다시 찾으면서 주님을 붙잡는 신앙인이 되었으면 좋겠다.

"여호와께서 과연 여기 계시거늘…."

야곱이 이렇게 고백한 것처럼 우리도 교회에 들어올 때마다 하나님께 고백하고 하나님의 임재 앞에서 하나님을 찬양하는 교회가 되었으면 좋겠다.

  예배 가운데 임재하신 하나님을 경험하면서, 주님의 손을 잡고 세상에서 주님 자녀로 살아가는 우리 모두가 되었으면 한다.

20
고독한 예수님

독생자 예수를 세상에 보내실 수밖에 없는 하나님의 사랑과 하나님의 비밀인 예수 그리스도…우리의 생각으로는 헤아릴 수 없는, 우리의 생각과 지혜 너머에 계시는 하나님이시다.

하나님은 천지 만물을 지으시고 오늘도 온 우주를 다스리고 계시면서 우주에 있는 모든 것들이 다 내 것이라고 당당하고 위엄 있게 하나님이 주인 되심을 말씀하셨다.

호흡이 있는 모든 생명은 하나님이 주인이심을 선포하고 호

흠이 있는 자마다 하나님을 찬양하라고 우리에게 명령하셨다. 그 절대자가 되시는 하나님이 사랑 때문에 사람을 위하여 하나님 되심을 포기하고 그 높은 보좌를 버리시기로 계획하신다. 하나님은 사람을 하나님의 형상으로 지으시고 사람과 함께 교제하시기 원하셨지만 사람은 하나님과의 약속을 어기고 불순종하므로 하나님과 사람은 단절되고 멀어졌다.

하나님께서는 하나님의 형상으로 지으신 우리를 포기할 수 없어 스스로 하나님 되심을 포기하고 사람의 모습으로 이 땅에 오신 분이 예수님이시다.

"그는 보이지 아니하는 하나님의 형상이시요 모든 피조물보다 먼저 나신 이시니 만물이 그에게서 창조되되…"(골 1:15-16).

"전에 악한 행실로 멀리 떠나 마음으로 원수가 되었던 너희를 이제는 그의 육체의 죽음으로 말미암아 화목하게 하사 너희를 거룩하고 흠 없고 책망할 것이 없는 자로 그 앞에 세우고자 하셨으니"(골 1:21-22).

우리를 거룩하고 흠 없고 책망할 것이 없는 자로 세우기 위해서 지불된 값은 너무나 엄청나고 참혹했다.

하나님이 사람의 모습으로 이 땅에 오셔서 많은 수난을 겪어야 했고 십자가에서 발가벗겨진 채 수치와 모욕을 감수하면서 피와 물을 다 쏟으시고 산 제물이 되셨다.

산 제물이 되시기 위해서 이 땅에 오신 예수님은 공생애 3년 동안 많은 표적과 이적을 나타내시며 하나님 나라와 복음을 전하셨다.

죽은 자도 살리시고 장님도 눈을 뜨게 하는 기적을 행하시니 수많은 사람들이 따라다녔지만 예수님은 늘 혼자이셨다. 따라다니는 사람들은 기적을 보기 위하여, 때로는 무엇을 얻기 위하여 따라다니는 구경꾼이었고 함께 동고동락했던 제자들도 예수님을 정치적 메시아인 줄 오해하고 예수님의 마음을 헤아리지 못했다.

예수님이 이 땅에 오실 때에 이스라엘은 로마의 속국이었다. 그래서 제자들은 예수님이 이스라엘을 로마로부터 독립하면 이 땅에서 예수님과 함께 이스라엘을 통치하고 다스리는 권력을 꿈꾸고 있었다.

예수님이 부활하시고 승천하시는 그때까지도 깨닫지 못하고 예수님을 정치적 메시아로 잘못 알고 있었다.

"그들이 모였을 때에 예수께 여쭈어 이르되 주께서 이스라엘 나라를 회복하심이 이 때니이까 하니"(행 1:6).

이처럼 제자들은 이스라엘을 회복하여 옛날 다윗이 다스렸던 이스라엘을 기대하고 있었다. 이와 같이 예수님의 이 땅에서 사역은 많은 군중 속에서도 주님은 늘 혼자이셨으며 외롭고 고독했다.

온 우주에 있는 것들이 다 내 것이라고 말씀하신 하나님은 이 땅에 오실 때는 가장 낮은 곳에서 태어나시고 가난하게 사셨다.

"여우도 굴이 있고 공중의 새도 거처가 있으되 인자는 머리 둘 곳이 없다 하시더라"(마 8:20).

예수님은 배고파하시기도 하셨고 목말라하시기도 하셨다. 인간과 똑같은 몸을 갖고 계셨기에 육신이 피곤할 때도 많았다. 너무 피곤하여 잠이 들 수 없는 상황인데도 주무시는 주님을 성경에서 볼 수 있다.

사마리아 수가 성 우물가에서도 주님의 피곤한 모습을 성경에서 볼 수 있다.

"거기 또 야곱의 우물이 있더라 예수께서 길 가시다가 피곤하여 우물 곁에 그대로 앉으시니 때가 여섯 시쯤 되었더라"
(요 4:6).

6시면 우리 시간으로 낮 12시 정오다. 팔레스타인은 정오면 기온이 높아 밖으로 출입을 자제하는 시간이기도 하다. 그런 무더위에 주님은 피곤하셔서 길을 가다가 우물 곁에 주저앉으셨다고 했다.

"예수께서 길 가시다가 피곤하여 우물 곁에 그대로 앉으시니."

예수님은 그렇게 피곤하도록 사역을 하시면서도 기도생활을 게을리 하시지도 않으셨다. 습관처럼 새벽 미명에 나가 기도하시고 한적한 곳에 나가셔서 기도하신다고 성경에서는 기록하고 있다. 기도하실 때에도 늘 혼자 하셨다. 제자들이 기도하러 가신 주님을 찾으러 다니는 모습도 성경에서 볼 수 있다.

"새벽 아직도 밝기 전에 예수께서 일어나 나가 한적한 곳으로 가사 거기서 기도하시더니 시몬과 및 그와 함께 있는 자들이 예수의 뒤를 따라가 만나서 이르되 모든 사람이 주를 찾나이다"(막 1:35-37).

십자가를 지시기 전날 밤에도 겟세마네 동산에서 혼자 기도하셨고 제자들은 잠만 잤다. 주님은 잠자는 제자들에게 "너희가 한 시간도 나와 함께 기도할 수 없느냐?" 하면서 주님과 함께 기도하자고 했지만 여전히 제자들은 잠만 잤다.

빌라도 앞에서 재판을 받을 때도 혼자였고, 제자들은 다 도망갔다. 심문을 받으실 때도, 희롱당하시고 갖은 수모와 모욕을 당할 때에도 주님은 혼자 아무 말씀을 하지 않고 침묵하시면서 외로움을 이겨내셨다.

"그가 곤욕을 당하여 괴로울 때에도 그의 입을 열지 아니하였음이여 마치 도수장으로 끌려가는 어린 양과 털 깎는

자 앞에서 잠잠한 양 같이 그의 입을 열지 아니하였도다"
(사 53:7).

이사야 선지자는 이 땅에 오실 예수님을 이렇게 예언하였다.

"그는 주 앞에서 자라나기를 연한 순 같고 마른 땅에서 나온 뿌리 같아서 고운 모양도 없고 풍채도 없은즉 우리가 보기에 흠모할 만한 아름다운 것이 없도다 그는 멸시를 받아 사람들에게 버림 받았으며 간고를 많이 겪었으며 질고를 아는 자라 마치 사람들이 그에게서 얼굴을 가리는 것같이 멸시를 당하였고 우리도 그를 귀히 여기지 아니하였도다"
(사 53:2-3).

이사야 선지자는 예수님이 이 땅에 오시기 전 700년 전에 살았던 사람이다. 그때 이사야는 선지자로 활동하면서 예수님을 이렇게 예언하였고 700년 후 예수님은 이사야가 예언한 것처럼 그대로 오셨다.

성경은 또 하나의 예언을 했다. 예수님의 재림에 대해서 예언을 했는데 예수님께서도 친히 말씀하시기도 하셨다.

"…내가 너희를 위하여 거처를 예비하러 가노니 가서 너희를 위하여 거처를 예비하면 내가 다시 와서 너희를 내게로 영접하여 나 있는 곳에 너희도 있게 하리라"(요 14:2-3).

인간에게 구원의 옷을 입히기 위해서 이 땅에 오신 성자 하나님이신 예수님은 초라한 모습으로 오셔서 외롭고 고독하게 사셨지만, 다시 오실 예수님은 천사장의 나팔소리와 함께 온 인류를 심판하실 심판주로 오신다.

초림에는 죄인을 부르러 오셨지만 재림 시에는 주님의 핏값으로 의인 된 의인을 부르러 오신다. 재림 시에 오시는 주님의 모습을 요한계시록에서 볼 수 있다.

"그의 머리와 털의 희기가 흰 양털 같고 눈 같으며 그의 눈은 불꽃 같고 그의 발은 풀무불에 단련한 빛난 주석 같고 그의 음성은 많은 물소리와 같으며 그의 오른손에 일곱 별이 있고 그의 입에서 좌우에 날선 검이 나오고 그 얼굴은 해가 힘있게 비치는 것 같더라"(계 1:14-16).

거룩하시고 영원하신 왕의 모습과 온 인류를 심판하시는 심판주의 권능과 위엄을 묘사한 말씀이다.

우리 교회에 세워져 있는 돌, '기도하시는 예수님의 손'을 볼 때마다 우리 죗값을 치르기 위해서 이 땅에 오신 주님의 모습과 심판주로 다시 오실 재림 때의 주님 모습을 생각하게 되기를 바란다. 그리고 지금도 우리와 함께 계시는 성령님을 의식하면서 깨어 있는 신앙인이 되었으면 좋겠다.

21
―――

내 마음의 아픔과 슬픔

 2005년 8월도 얼마 남지 않은 어느 날 저녁 무렵이었다.
 보성이에게서 전화가 왔다.
 "엄마! 나 얼굴에 화상을 좀 입었어."
 "얼마나?"
 "으응… 조금….'
 난 정말 조금인 줄 알고 크게 걱정을 하지 않았다.
 그래도 궁금하고 조바심이 나서 대문 앞 골목길에 나가서 기다리고 있었다. 조금 후에 보성이가 나타났는데 깜짝 놀랐다. 얼굴의 반을 머리부터 붕대를 감아가지고 나타났다. 충격으로 인해 말이 나오지 않았다.

처음으로 나온 말은 "우리 예배드리자"였다.

식구들이 다 모여서 예배드리고 나니 마음이 평안했다.

보성이가 대학교 다닐 때 여름방학 동안 아르바이트를 했는데 개학을 며칠 앞두고 일어난 일이었다.

광희동 어느 식당에서 아르바이트를 하면서 주방에서 물이 끓고 있는 냄비를 들다가 바닥이 미끄러워 넘어지면서 뜨거운 물이 얼굴을 덮쳤다. 식당에서 가까운 국립의료원 응급실에 가서 사실을 이야기했다고 한다.

학생인데 아르바이트를 하다가 화상을 입었는데 지금 가지고 있는 돈이 없다고 사정 이야기를 하니, 치료비는 내일 받기로 하고 치료를 해주었다고 한다.

보성이가 하는 이야기를 듣고 '그래도 세상은 각박하지 않구나'라고 생각하면서 외상으로 치료를 해준 병원 측에 고마운 마음이 들었다. 그리고 괜찮겠지 하는 생각에 마음도 평안해졌다.

다음 날 보성이와 함께 치료비를 가지고 국립의료원에 갔다. 병원에 가서 얼굴을 감고 있던 붕대를 풀어 보니 너무 놀랐다. 눈은 많이 부어서 감겨져 있었고 이마부터 얼굴 반쪽은 흉물스럽기까지 했다.

의사 선생님은 안과부터 먼저 갔다 오라고 했다. 뜨거운 물이 눈에 들어갔으면 실명될 수도 있다고 했다.

선생님은 보성이의 화상 입은 얼굴 상처를 보고는 "피부 이식을 할 수도 있어요. 이식을 하게 되면 엉덩이 살을 떼어서 이식을 하게 될 것입니다. 지금 입원하세요" 했다.

나는 가슴이 철렁했다. 입원 수속을 밟기 위해 혼자서 에스컬레이터를 타고 접수실로 가는데 다리는 후들거리고 떨리고 있었다. 병원에는 여기저기 많은 사람들이 있었지만 그때 내 마음은 아무도 없는 허허벌판에 혼자 서 있는 기분이었다.

보성이를 입원시키고 밤에 혼자 집으로 가면서 많은 생각들을 했다. 그러다 영화 "패션 오브 크라이스트"가 생각났다. 예수님의 고난을 그린 영화로 겟세마네 동산에서 기도하시던 예수님이 골고다 언덕에서 십자가형을 받기까지 겟세마네부터 골고다까지 12시간 동안 있었던 사건을 사실적으로 묘

사했던 영화다.

예수님이 채찍에 맞을 때는 살점이 떨어져 나가 온몸이 피투성이가 되고 그야말로 잔인하고 처절해서 눈을 뜨고 볼 수 없는 장면들이 많이 나온다. 그때 예수님이 맞은 채찍은 단순한 채찍이 아니었다. 채찍 끝에는 납이 붙어 있어서 한번 때릴 때마다 살이 찢겨지고 살점이 묻어났다.

특히 인류의 무거운 죄를 짊어지고 골고다 언덕을 오를 때 예수님은 얼굴이 피투성이가 되고 한쪽 눈은 부어서 감기고 처참한 모습으로 십자가를 지고 가시다가 여러 번 쓰러지기까지 하신다. 그때 예수님의 한쪽 눈이 감기고 부은 처참한 얼굴이 보성이의 화상 입은 얼굴과 비슷했다.

나는 이런 생각을 했다. '만약 보성이가 지금 저 모습으로 평생 산다면…' 내 마음이 찢어지는 것처럼 아팠다. 그런데 예수님의 그 처절한 모습을 생각하니 그런 아픔이 내 마음에 와 닿지 않았다. 나는 그때 내가 예수님을 사랑하지 않고 있다는 것을 알게 되었다.

지난날 보성이 아빠가 신학을 할 때였다. 생활비를 위해서 나는 여러 가지 일을 했었다. 그때 나는 일을 하면서 이런 기도를 곧잘 했었다.

"주님! 나는 주님을 위해서 이렇게 일을 합니다. 나를 위해서 하는 것이 아니고 내 자식을 위해서 하는 것도 아니고 주님을 위해서 이렇게 합니다. 그러니 우리 집 아이들을 주님이 책임져주세요."

일을 하면서도 독백처럼 혼자 그렇게 말할 때가 많았고 또 기도할 때도 그렇게 하였다.

그런데 어느 날 밤에 교회에 가서 기도하는데 또 그런 기도를 하고 있는 나에게 주님은 "아니다"라고 말씀하셨다. 그때는 들려오는 음성이 아니었다. 주님의 안타까운 마음이 전해오면서 깊은 한숨에서 나오는 듯한 소리로 조용하게 "아니다"라고 길게 내 마음을 울렸다.

기도를 마치고 집으로 가면서 내 마음에 깊은 여운을 남겼던 "아니다"라고 말씀하신 주님의 마음을 생각하면서 내 마음은 무거웠고 발걸음도 무거웠다.

나는 회개할 일이 있으면 주님이 꿈으로 보여주시는 사인이 있다. 화장실에 많은 똥들이 쌓여 있고 변기에도 똥이 흩어져 있는 것을 보여주신다. 그날 밤 꿈에도 어김없이 주님은 화장실에 더러운 것을 보여주셨다.

나는 정직하게 나를 돌아보고 나의 내면도 들여다보았다. 주님께서 말씀하신 것처럼 내가 주님을 위해서 살고 있는 것이 아니었다.

나는 많이 부끄러웠고 회개도 많이 했다. 주님께 받은 은혜와 사랑은 생각하지도 않고 내가 조금 하고 있는 것을 생색이나 내고 있는 자신이 뻔뻔스럽기까지 했다.

그런 일이 있은 후 나는 감히 우리 집 아이들을 주님께서 책임져 달라는 기도를 못했다. 어쩌다가 하게 되면 정말 부끄러운 마음으로 기어들어가는 목소리로 조그맣게 "주님! 보성이와 준성이를 주님께 부탁합니다" 하고 죄송해서 말을 끝까지 못하고 말끝을 흐렸다.

이런 일이 있은 후 나는 진정으로 주님을 사랑하려고 나름대로 노력했다. 순종이 제사보다 낫다고 말씀하신 주님이시기에 순종하려고 노력도 했다. 그러다 보니 주님께 순종하는 것이 가장 큰 기쁨인 것도 알게 되었다.

그러기에 그때까지 나는 내 자식보다 주님을 더 사랑하지는 않지만 내 자식만큼 주님을 사랑한다고 나 자신을 그렇게 믿고 있었다.

보성이 얼굴 화상으로 인하여 내가 주님을 사랑하지 않고 있다는 것을 알고 나서 내 마음이 서글펐다.

"아버지나 어머니를 나보다 더 사랑하는 자는 내게 합당하지 아니하고 아들이나 딸을 나보다 더 사랑하는 자도 내게 합당하지 아니하며 또 자기 십자가를 지고 나를 따르지 않는 자도 내게 합당하지 아니하니라"(마 10:37-38).

나는 눈물을 흘리며 "주님! 내가 어떻게 하면 내 아들보다 주님을 더 사랑할 수 있습니까?"라고 물었다. 버스를 타고 집으로 가면서 주님을 내 아들만큼 사랑하지 못하는 내 마음이 슬펐고 내 눈에는 이슬이 맺혀 있었다.

지금 생각하니 주님을 사랑하지 못하는 내 마음이 슬퍼서 눈물 흘릴 때도 주님은 함께하셨고 아무도 없는 것같이 허허벌판에 혼자 서 있는 것같이 외롭던 그 순간에도 주님은 나와 함께하셨다.

피부 이식까지 생각했던 보성이 얼굴은 하나님께서 흉터 하나 없이 깨끗하게 치료해주셨다. 나를 위해서 살면서도 주님을 위해서 산다고 생색을 내면서 당당하게 우리 집 아이들을 책임져달라는 나의 그 당돌한 기도도 주님은 외면하지 않으시고 보성이와 준성이를 책임져 주셨다.

  책임져 주신 주님을 생각하면 주님께 늘 감사하다. 주님께서 보성이와 준성이를 돌보아 주신다고 생각하면 무거운 짐을 어깨에서 내려놓은 것처럼 평안한 내 마음에 자유가 찾아온다. 나는 언제까지나 나 자신에게 이 자유를 빼앗기지 않고 누리고 싶다.

22
400원짜리 햄버거와 600원짜리 햄버거, 그리고 과자 한 보따리

30년 전 보성이가 초등학교 2학년이었을 때다. 하루는 "엄마! 농협 앞에 햄버거를 파는데 1개에 400원 하더라. 엄마! 내 생일날에 그 햄버거 사주세요" 했다.

"그래, 생일날에 사줄게"라고 약속했다.

그때가 10월이었고 보성이 생일은 12월이었다. 나는 생일날 사주겠다고 약속을 하면서 속으로 '생일날이 아직 두 달은 넘게 있어야 하는데…' 생각했다.

우리 교회 앞에 있는 농협은 그때나 지금이나 변함없다. 그 앞에서 아주머니가 큰 비치 파라솔을 펴놓고 안에서 햄버거를 만들어 파는 것을 나도 지나가면서 봤다. 비치 파라솔 끝에는 '햄버거 1개에 400원'이라는 쪽지가 매달려 있었다. 지금도 매달려 있는 쪽지와 아주머니 얼굴이 눈에 어른거린다.

아마 보성이가 아주머니가 햄버거 만드는 것을 구경하고 많이 먹고 싶었던 모양이었다. 그리고 "햄버거 1개에 400원"이라는 쪽지를 보고 햄버거 가격까지 기억하고 집에 와서 엄마에게 생일에 사달라고 말했던 것이다.

아이가 그렇게 말하면 보통 엄마들은 다음 날 햄버거를 사 주게 된다. 그런데 나는 두 달을 넘어서 보성이 생일에 햄버거를 두 개 사고 콜라도 작은 것 한 병을 사서 집으로 가지고 와서 아이들에게 주었다. 보성이와 준성이가 행복한 모습으로 맛있게 햄버거를 먹는 모습을 보면서 나는 보성이가 얼마나 생일을 기다렸을까 생각하니 미안한 마음이 들었다.

그때는 보성이 아빠가 신학을 하기 전이었는데도 그렇게 생활이 어려웠다. 어려워서 그런지 나는 애들에게는 인색한 엄마였다. 내가 늘 애들에게 사주는 것은 "라면땅" 같은 것이었다. 그때는 과자가 한 봉지에 보통 100원이었다. 그런 것만 사 주는 엄마였다.

그래도 나는 내가 맡고 있는 우리 반 아이들에게는 후한 선생님이었다. 우리 집 애들에게는 초코파이 한 개도 선뜻 못 사주었지만 내가 맡고 있는 아이들 가운데 장기간 결석하고 있는 아이를 찾아갈 때는 초코파이 한 통을 사 가지고 집을 찾아가기도 했다.

보성이 생일에 햄버거를 사주고 몇 달이 지났다. 나는 그때 중등부 1학년을 맡고 있었고 매주 출석하는 아이들이 7-8명이었다. 중등부 저학년 애들은 아직 개구쟁이고 철이 없어서 선생님께 맛있는 것을 사 달라는 말을 자주 한다.
하루는 맛있는 것을 사 달라고 해서 다음 주에 사 주겠다고 약속하고 그 다음 주에 우리 반 애들을 데리고 밖으로 나갔다.
지금 금호1가 동사무소 앞에 그때는 햄버거 가게가 있었다. 나는 애들을 데리고 그 가게를 갔다. 거기는 떡볶이도 팔고 햄버거도 팔았다. 뭘 먹겠냐고 물었더니 애들이 햄버거를 먹겠다고 했다. 농협 앞에 길에서 파는 햄버거는 1개에 400원이었지만 그때 그 가게는 햄버거 1개에 600원이었다.

나는 햄버거 1개와 음료수를 1잔씩을 사서 주었다. 음료수도 그 가게는 비쌌다. 아이들 일곱 명이 앉아서 햄버거와 음료수를 먹는 모습을 보면서 나는 우리 집 애들을 생각했다.

햄버거가 먹고 싶어도 사 달라는 소리를 못하고 생일에 사 달라고 말하는 속 깊은 우리 보성이가 생일을 얼마나 기다렸을까. 그렇게 생각하니 미안한 마음이 들고 인색한 엄마가 된 내 처지가 참 싫었고 마음도 슬펐다.

그리고 세월이 흘러서 2006년 가을이 되었다. 보성이도 군대를 갔다 오고 대학교에 다닐 때였으며 얼굴 화상을 입고 난 후 얼굴이 완전히 회복되었을 때였다. 병원에서는 퇴원을 하고 상처가 다 치료가 되었어도 얼마 동안 햇빛에 피부가 노출되면 안 된다고 병원에서 많은 주의를 주었다. 밖에 외출을 할 때는 화상 입은 얼굴 반쪽을 썬크림을 바르고 손수건으로 얼굴을 가리고 모자를 쓰고 나갔다. 그러다가 그때는 회복이 되어서 외출을 할 때 자유롭게 다녔다.

나는 그때 고등부 3학년을 맡고 있었다. 그때는 학생예배를 아침 9시에 드렸다. 어느 날 나는 우리 반 애들과 성경공부를 하면서 오후에 우리 집으로 오라고 초대를 했다. 학생예배를 드리고 반별로 모여서 성경공부를 마치고 나면 11시 어른 예배를 드리는 시간이 촉박했다. 그래서 늘 마음이 바빠서 우리 반 애들과 소통을 잘 못했다. 그래서 조용한 곳에서 학생들과 성경 이야기도 하고 이런저런 이야기로 소통하고 싶어서 우리 집으로 오라고 했던 것이다.

11시 예배를 마치고 집으로 가면서 나는 마트에 들러서 오후에 우리 집으로 오는 애들을 위해서 이것저것을 좀 샀다.

음료수 큰 것 한 병, 과자 이것저것을 몇 개 사니 부피가 커서 한 보따리가 되었다. 나는 과자 한 보따리를 싱크대 위에 놓고 방으로 들어가서 옷을 갈아입고 있었다.

그때 보성이도 예배를 마치고 집으로 들어왔다. 보성이가 싱크대에 놓여 있는 과자 한 보따리를 보고 나에게 물었다.

"엄마! 이게 뭐야?"

"응~. 오후에 우리 반 애들이 오기로 했어."

조금 있다가 보성이가 또 엄마를 불렀다.

"엄마! 아들이 이것 과자 하나 먹어도 돼?"
"그래, 먹어라."

나는 웃음이 나왔다. 보성이도 웃었다. 우리는 함께 웃었다.

내 아들은 줄 생각도 안 하고 남의 아들들만 생각하고 있는 나를 생각하니 '나는 이상한 엄마'라는 생각이 들었다.

옛날 햄버거를 먹을 때는 햄버거 하나 사는 것도 부담이 되었지만 지금은 과자 한 보따리 사는 것은 부담이 되지 않았기 때문인지 인색한 엄마라는 생각은 들지 않았다. 이상한 엄마가 된 것 같았지만 나는 오히려 행복한 마음까지 들었다.

그 자리에 함께 계신 예수님께서도 우리를 보시고 우리가 하는 이야기를 다 들으시고 우리가 웃을 때 예수님도 우리와 함께 웃으시는 것 같았다. 정말 그렇게 느껴졌다.

보성이 입장에서 생각해 보면 아들은 생각하지 않고 남의 아이들만 생각한다고 서운하게 생각하고 엄마를 원망할 만도 했다. 그러나 서운해 하거나 원망한 적은 한 번도 없었고 오히려 엄마가 자랑스럽다고 말했다. 그때 우리 집은 일주일에 한 번 가정예배를 드렸다. 예배를 드릴 때는 식구 네 사람이 돌아가면서 말씀을 전했다. 하루는 보성이가 말씀을 전하면서 한 말이었다.

"엄마, 엄마는 그렇게 어려운 가운데서도 어떻게 청년과 학생들을 잘 섬겨?"

그러면서 엄마가 자랑스럽다고 말한 적이 있다. 그러나 나는 그렇게 말하는 내 아들 보성이가 더 자랑스러웠다. 그리고 그렇게 예쁘게 키워주신 예수님께 감사를 드린다.

23
밑 터진 항아리 같은 그리스도인

3월 31일. 3월의 마지막 주일 오후예배였다. 이은혜 목사님께서 말씀을 전했다. 설교 제목은 "주 안에 거하다"였다.

목사님께서 지난날 미국에서 생활하실 때 거기서 영화 한 편을 보았는데 그 영화를 보면서 깨달았던 것을 간증하면서 간증식 설교를 하셨다. 말씀을 듣다 보니 나도 보았던 영화였다.

영화 제목은 생각이 잘 나지 않았지만 나도 그 영화를 보면서 그때 깨달은 것이 있어서 지난날을 생각하면서 말씀을 경청했다.

영화 내용은 사회에 물의를 일으킨 조폭들이 수사 대상이 되고 조폭들은 경찰들의 눈을 피해 깊은 산속 조그만 암자에 숨어서 살면서 그곳에서 일어난 일들을 소재로 한 영화였다.

조폭들은 거기서도 물의를 일으켜 주위 사람들에게 피해를 주어서 사람들이 암자를 떠나주기를 바랐다. 그래서 피해를 보고 있는 사람들과 조폭들이 내기 시합을 해서 이기는 쪽이 원하는 대로 하기로 했다.

조폭들은 이 암자를 떠나느냐, 머무르느냐가 걸려 있고 피해를 겪는 사람들도 피해를 보느냐, 피해를 보지 않느냐가 걸려 있어서 양쪽 사람들은 사생결단하고 시합을 한다. 그러나 두 팀이 승부가 나지 않았다. 그리고 마지막 시합이 하나 남았다.

그 시합은 밑 터진 항아리에 물을 민지 기득 채우는 시합이었다. 하지만 밑 터진 항아리에 물을 가득 채우는 방법이 문제였다. 사람들은 항아리에 물을 채우기 위해서 힘껏 달리면서 물을 가지고 와서 항아리에 붓고 여러 가지 방법으로 물을 붓지만 깨어진 항아리는 물을 담지 못하고 흘러내렸다.

그때 갑자기 조폭 쪽에서 소리를 쳤다.

"항아리를 들고 뛰어!"

그리고 밑 터진 항아리를 어깨에 메고 옆에 있는 연못가로 달려가서 항아리를 연못에 던졌다. 잠시 후 항아리는 물속에 잠기고 그 항아리는 물이 가득 채워졌다.

깨어진 항아리가 물이 가득 채워지는 것은 항아리가 물속에 잠기어져 있을 때 가능하였다. 불완전한 것이 완전해지고 불가능한 것이 가능해질 수 있는 방법을 보는 것 같다.

마찬가지로 우리가 주님과 온전히 함께하는 은혜를 누리면서 주님을 닮아가며 예수 그리스도의 장성한 분량에 자라기까지는 주님이 내 안에 계시고 내가 주님 안에 있어야 한다.

우리가 아무리 은혜를 많이 받고 주님께서 은혜를 부어주셔도 주님과 내가 떨어져 있으면 밑 터진 항아리처럼 받은 은혜를 쏟아버리고 주님과 함께하는 은혜를 누리지 못한다고 생각한다.

우리가 예수 그리스도의 은혜로 구원받았지만 우리의 현

주소는 늘 죄인의 자리에 있을 때가 많다. 우리 인간은 죄에서 태어났고 우리 속에는 여전히 죄성이 있다. 끊임없이 우리를 유혹하는 세상에서 들려오는 소리가 있고 우리를 넘어뜨리려고 하는 사단이 있다.

그래서 우리는 잘 넘어지기도 하고 실수하는 그런 연약한 존재다. 바울 같은 사람도 자신의 속에 있는 죄성을 인정하면서 "오호라 나는 곤고한 자로다"라고 고백하기도 했다.

깨어지기 쉬운 질그릇 같은 우리가 보배를 담기 위해서는 늘 깨어 있어서 자신을 성찰하고 주님의 임재 안에 있어야 한다.

> "사람이 내 안에 거하지 아니하면 가지처럼 밖에 버려져 마르나니 사람들이 그것을 모아다가 불에 던져 사르느니라 너희가 내 안에 거하고 내 말이 너희 안에 거하면 무엇이든지 원하는 대로 구하라 그리하면 이루리라"(요 15:6-7).

그 영화를 보면서 나는 내가 밑 터진 항아리임을 알게 되었다. 나는 주님께서 세상 끝날 때까지 우리와 함께하시겠다고 약속하신 것을 머리로는 잘 알고 있었다. 그러나 실제 생활은 주님과 함께하는 은혜를 누리지 못하고 있었다.

나는 늘 내 곁을 떠나가실 것 같은 주님의 옷자락을 붙잡고 주님께 매달리면서 "주님! 저를 두고 떠나시면 안 돼요" 하고 칭얼대는 철없는 아이 같았다.

어느 날 지하철 안에서 있었던 일이었다. 서너 살 되어 보이는 아기 손을 잡은 엄마가 내 앞에 서 있었다. 나는 내 앞에 서 있는 아기를 보면서 상상했다. 지하철에서 내리면서 많은 사람들 속에서 아기 엄마가 아기 손을 뿌리치고 사람들 속으로 사라지는 모습을…. 그리고 아기가 놀라는 모습과 울면서 엄마를 찾는 모습을 상상하면서 나는 조용히 주님을 불렀다.

"주님! 주님께서 저를 떠나가시면 저는 저 아기보다 더 큰 소리로 울면서 주님을 찾을 것입니다" 하고 눈물을 주님께 보였다. 주님의 도우심이 너무도 간절했고 절박했던 현실이 나를 그렇게 만들었다.

주님께서도 아시고 많은 은혜를 부어 주셨지만 나는 깨어진 항아리처럼 다 쏟아버리고 내 속은 텅 비어 있어서 늘 불안하고 부족한 것 같아서 주님을 찾았다.

그러면 나만 밑 터진 항아리일까?
주님께서는 우리를 자녀로 삼으시고 우리를 빛과 소금이라고 하셨다. 우리는 스스로 빛을 내는 그런 발광체가 아니다. 우리는 스스로 빛을 낼 수 없다.
그럼에도 주님께서는 우리를 빛이라고 말씀하시는 것은 주님께서 우리와 함께하시겠다고 약속하셨기 때문이다. 우리가 빛이 될 수 있는 것은 빛 되신 예수님의 빛을 받아서 빛을 내는 반사 역할을 하는 것이다.
마치 밤하늘의 달이 태양의 빛을 받아서 어두운 밤을 밝히듯이, 태양의 빛을 많이 받는 보름달이 뜨면 캄캄한 밤에도 전깃불 없이 환하게 볼 수 있다. 이와 같이 우리가 주님과 함께하고 주님 안에 있을 때 우리는 빛이 될 수 있다.

소금도 녹아야만 맛을 낼 수 있다. 바닷물은 염도가 3% 정도밖에 되지 않는다. 그럼에도 3%의 소금이 그 넓은 바닷물을 썩지 않도록 만들어 주고 있다.

우리나라는 25%가 그리스도인이라고 한다. 25%의 그리스도인들이 빛이 되고 소금으로 녹아지면 이 사회가 얼마나 많이 밝고 또 공의와 정의가 강처럼 흐르게 될까?

지금 이 사회를 보면 우리 그리스도인들이 빛이 되지 못하고 녹지 않는 소금인 것이 분명하다. 우리가 빛이 되고 녹아지는 소금이 되려면 주님 안에 온전히 거하고 은혜 안에 잠겨 있어야 된다고 생각한다. 은혜 안에 잠겨 있는 것은 주님이 내 안에 계시고, 내가 주님 안에 있어 주님과 연합하는 것을 말한다.

어떻게 하면 주님 안에 온전히 거할 수 있을까? 우리는 세상에 있는 것을 너무 좋아하고 있지 않는지…육신의 정욕과 안목의 정욕과 이생의 자랑들을 포기하지 못하고 붙잡고 있어서 주님 안에 거하지 못하는 것인지도 모른다. 성경에서는 말한다. 세상에서 오는 것을 좇아가지 말라고….

"이 세상이나 세상에 있는 것들을 사랑하지 말라 누구든지 세상을 사랑하면 아버지의 사랑이 그 안에 있지 아니하니

이는 세상에 있는 모든 것이 육신의 정욕과 안목의 정욕과 이생의 자랑이니 다 아버지께로부터 온 것이 아니요 세상으로부터 온 것이라 이 세상도, 그 정욕도 지나가되 오직 하나님의 뜻을 행하는 자는 영원히 거하느니라"(요일 2:15-17).

주님 안에 있으면서 주님과 연합되면 바울이 고백한 것처럼 풍부에 처할 줄도 알고 비천에 처할 줄도 아는, 모든 것에 자족하면서 어떤 상황에도 흔들리지 않을 수 있다.

주님께서 함께하시면 다니엘처럼 사자굴에도 들어갈 수 있고 다니엘의 친구들처럼 불 속에도 들어갈 수 있을 것이다. 주님과 함께하는데 사자굴이면 어떻고 불 속이면 어떠랴….

이렇게 되면 세상이 감당할 수 없는 사람이다. 분명 그리스도인들은 세상과 구별되고 세상이 감당할 수 없는 그런 사람이다.

주님께서는 오늘도 우리에게 말씀하고 계신다.

"이것을 너희에게 이르는 것은 너희로 내 안에서 평안을 누리게 하려 함이라 세상에서는 너희가 환난을 당하나 담대하라 내가 세상을 이기었노라"(요 16:33).

들려오는 닭 울음소리

1판 1쇄 인쇄 _ 2020년 4월 6일
1판 1쇄 발행 _ 2020년 4월 11일

지은이 _ 황원숙
펴낸이 _ 이형규
펴낸곳 _ 쿰란출판사

주소 _ 서울특별시 종로구 이화장길 6
편집부 _ 745-1007, 745-1301~2, 747-1212, 743-1300
영업부 _ 747-1004, FAX 745-8490
본사평생선화빈호 _ 0502-756-1004
홈페이지 _ http://www.qumran.co.kr
E-mail _ qrbooks@gmail.com / qrbooks@daum.net
한글인터넷주소 _ 쿰란, 쿰란출판사
페이스북 _ www.facebook.com/qumranpeople
인스타그램 _ www.instagram.com/qrbooks
등록 _ 제1-670호(1988.2.27)

책임교열 _ 최진희 · 최가영

© 황원숙 2020 ISBN 979-11-6143-359-2 03230

책값은 뒤표지에 있습니다.
이 출판물은 저작권법에 의해 보호를 받는 저작물이므로 무단 복제할 수 없습니다.
파본(破本)은 구입처에서 교환해 드립니다.